Harald Pfeiffer

„Wem Gott will rechte Gunst erweisen...“

Frömmigkeit in Volksliedern?

20 Liedtexte unter die Lupe genommen

Für Margarethe

I n h a l t

Zum Geleit

Sind Volkslieder vom Aussterben bedroht?

Volkslieder haben in Deutschland einen schweren Stand. Kritiker finden sie naiv und sentimental. Sie sehen in ihnen einen belasteten Heimatbegriff und ewig gestrige Inhalte. Nach den unseligen Erfahrungen unter der NS-Herrschaft hatte das Volkslied bei ihnen endgültig ausgespielt.

Liebhaber dagegen mögen Volkslieder, ihre schöne, einfache Melodie. Sie schätzen ihre Liedtexte, die sie mitnehmen in die Landschaft, in die Natur, auf die Wanderschaft. Die Texte kreisen um Freundschaft, Liebe, Geselligkeit, um Jahres- und Tageszeiten. Volkslieder umfassen alle Aspekte menschlichen Lebens.

In diesem Für und Wider stehen die Volkslieder. Offensichtlich ist nur ein geringer Bevölkerungsanteil daran interessiert, dieses Kulturgut zu pflegen. Bei den unter 30-Jährigen haben 85 Prozent noch nie „Kein schöner Land" gehört – geschweige denn gesungen. (So ‚Bild am Sonntag', 14.8.2010)

Wen wundert's, wenn in Schulen, Kindergärten und Familien zu wenig gesungen wird!

Sind Volkslieder unzeitgemäß?

Warum schämen sich so viele Bundesbürger für unsere Volkslieder? Offenbar wird gemeinsames Singen als antiquiert angesehen. Vielen Menschen ist es peinlich geworden, im Alltag zu singen. Unsere Mediengesellschaft lädt auch weniger dazu ein; eher lässt man sich von Tonträgern berieseln, anstatt seine Stimme zu erheben.

Ist das Volkslied vom Aussterben bedroht, weil es unzeitgemäß ist?

Das scheint kaum der Fall zu sein. Denn in den letzten Jahren erfreuen sich Volkslieder wieder zunehmender Beliebtheit. Zugegeben: überwiegend beim älteren Publikum. Nicht nur der belgische Stargeiger André Rieu spielte die vertrauten Melodien mit seinem größten Privatorchester der Welt und ließ seine Zuhörer mitsingen.

Volksliedersingen findet auch in ganz Deutschland wieder Anklang: So nachweislich auf Marktplätzen, in Gärten, Wäldern, Parks, auf Grillplätzen, an Seen, Flussufern, Stränden, Mühlen, in Innenhöfen, Museen und Villen, auf Schlössern und Burgen, in Kirchen, Kapellen, Sälen, Sporthallen, Kerwezelten, sogar auf einer Ranch; auch von Kirchtürmen blasen Posaunenchöre die Volkslieder.

Zu den Hütern dieses Liedgutes gehören neben der umstrittenen volksmusikalischen Ikone Heino die Fischerchöre, die zahlreichen Aktionen „Volksliedersingen“ und viele weitere Interpreten, bis hin zu den Liederprojekten „Plädoyer für das Volkslied“.

Volkslieder haben immer die Kultur geprägt. Das Osterlied „Christ ist erstanden“ basiert auf einem alten Volkslied aus dem 12. Jahrhundert. Vierhundert Jahre später erleben die Volkslieder ihre Blütezeit. Martin Luther nimmt sie sich zum Vorbild für seine neuen Liedschöpfungen. Er versieht z. B. das kokette Volks- und Liebeslied „Sie gleicht wohl einem Rosenstock“ mit einem neuen geistlichen Text, es entsteht der Choral „Nun freut euch, lieben Christen g’mein“.

Volkslieder-Sammlungen

Der „Erfinder“ des Begriffs ‚Volkslied‘ ist der ostpreußische Theologe und Volksliedforscher Johann Gottfried Herder (1744-1803). Er hat jene Liedgattung zuerst wiederbelebt. Später haben Arnim und Brentano die bekannteste deutsche Volkslieder-Sammlung „Des Knaben Wunderhorn“ (1806-1808) mit 723 Liedern herausgegeben; hundert Jahre später ist es dann der „Zupfgeigenhansl“ mit über 300 Volksliedern, verbreitet vor dem Ersten Weltkrieg in der deutschen Jugendbewegung ‚Wandervogel‘; nicht zu vergessen das Fahrtenliederbuch „Die Mundorgel“ (seit 1953), mit knapp 280 Liedern.

Was sind eigentlich Volkslieder?

Es sind populäre Lieder mit volkstümlich-schlichten Texten und leicht singbaren, eingängigen, schönen Melodien, seit langer Zeit im Volk lebendig, beliebt und in geselliger Runde in breiten Volksschichten gern gesungen. Die Seele des Volksliedes ist die Melodie. Sie hat die Liedtexte weltberühmt gemacht. Volkslieder müssen einen zündenden Funken haben, einen mitreißenden Ton, der ins Herz hinein trifft, wenn sie am Leben bleiben wollen.

Religiöse Aspekte

Volkslieder sind nicht nur schön zu singen, sie erzählen auch viel vom Glauben an Gott, vom Glauben an das Gute im Menschen. „Das religiöse Denken ist ein Urcharakteristikum des Menschen“, so der Wissenschaftsredakteur Ulrich Schnabel. Für ihn ist Religion ein wichtiges Merkmal des Menschseins (Deutschlandfunk Kultur, Beitrag v. 22.11.2018). Gerade in der romantischen Dichtung hat die Religion eine prägende Kraft, ist sogar wichtigstes Kennzeichen. Aus dieser Epoche stammen zahlreiche Volkslieder (wie von J. v. Eichendorff, L. Uhland, E. Geibel, A. W. F. Zuccalmaglio, H. Heine, A. H. Hoffmann v. Fallersleben u.a.).

Volkslieder transportieren u.a. Bilder von irdischen und himmlischen Mächten. Vielen Volksliedern wohnt eine natürliche Frömmigkeit inne. Es ist erstaunlich, wie viele Volkslieder von Glauben und Gottergebenheit reden. Bei den folgenden mehr oder weniger bekannten 20 Liedern werden die religiösen Aspekte aufgezeigt. Darunter sind auch Lieder, bei denen man dies gar nicht vermutet.

Lassen Sie sich mitnehmen auf eine Volksliederreise, die uns einen Blick in Gottes Welt eröffnet und uns das Schöpfungslob präsentiert.

D i e   L i e d e r (ausgewählte Strophen)

Am Morgen

Es tagt, der Sonne Morgenstrahl
weckt alle Kreatur.
Der Vögel froher Frühchoral
begrüßt des Lichtes Spur.
Es singt und jubelt überall,
erwacht sind Wald und Flur.

Wem nicht geschenkt ein Stimmelein,
zu singen froh und frei,
mischt doch darum sein Lob darein
mit Gaben mancherlei
und stimmt auf seine Art mit ein,
wie schön der Morgen sei.

Zuletzt erschwingt sich flammengleich
mit Stimmen laut und leis
aus Wald und Feld, aus Bach und Teich,
aus aller Schöpfung Kreis
ein Morgenchor, an Freude reich,
zu Gottes Lob und Preis.

Frühchoral – nicht nur der Gefiederten
„Es tagt, der Sonne Morgenstrahl…"

Jener Sonnenaufgang hat sich mir tief in mein Gedächtnis eingeprägt. Es war im Grand-Canyon Nationalpark, South Rim, in Arizona/USA. Da stand ich vor der beeindruckendsten Schlucht der Welt. In 2000 Meter Höhe warteten viele auf das himmlische Naturschauspiel. Und dann um Punkt 5:30 Uhr kommt er am Horizont hoch, der Sonnenball. Sehr schnell wird er größer, sein Rot immer feuriger. Und was mich am meisten überrascht: Die Sonnenstrahlen erwärmen schlagartig mein Gesicht. Und das so früh am Morgen. So könnte es in unserm Lied auch heißen: Es tagt, der Sonne Morgenstrahl wärmt alle Kreatur.

Ich denke an den Sonnengesang von Franz von Assisi: „Sei gelobet, mein Herr, mit all deinen Kreaturen. Sonderlich mit … der Sonne, die den Tag macht und mit ihrem Licht uns leuchtet."

Die Sonne ist beides: helles Licht und heilende Wärme, lebenswichtig für unsere Gesundheit. „Sonnentherapie", so heißt es, „ist die beste Seelentherapie."

Text und Melodie unseres Morgenliedes stammen aus der Feder von Werner Gneist (1898-1980), Dichter und Liederkomponist, zuletzt in Kirchheim unter Teck tätig.

Das Lied ist jedoch in Schlesien entstanden: Im Sommer 1928 fuhr W. Gneist in aller Herrgottsfrühe mit dem Fahrrad in die großen Waldungen Niederschlesiens, um Vögel zu belauschen. Dabei kam ihm der Gedanke, das allmähliche Lautwerden der Vogelstimmen in einem Lied deutlich zu machen. Mitten im Wald notierte er drei

Liedstrophen. „Die Töne“, so schrieb er später, „fügten sich wie von selbst. Nie hätte ich damals glauben mögen, dass das Lied einmal so verbreitet werden würde.“[1]

Gelungen finde ich den Zungenbrecher „Der Vögel froher Frühchoral begrüßt des Lichtes Spur. Es singt und jubelt überall…“ dank der Gesangskünstler. Sie erfreuen uns: Amseln, Meisen, Spatzen, Stare. Sie singen präzise wie nach einer „Vogeluhr“. So beginnt das Rotkehlchen mit seinem Frühkonzert eine Stunde und zwanzig Minuten vor Sonnenaufgang.

Mir gefällt das Morgenlied. Seit meiner Schulzeit singe ich es gern. Es schwingt so viel Freude mit. Wie mit einem Fanfarenstoß geht es gleich los, fröhlich-heiter aufwärtssteigend. Richtig passend zur aufgehenden Sonne. Ich stimme gern mit ein, in die Laudatio der Gefiederten, der gesangstalentierten.

Manchmal liefern diese Solosänger auch eine vergnügliche Show. Max Drischner (1891-1971), der schlesische Komponist und Organist, hatte das einst in der St. Nikolaikirche in Brieg erlebt. Er wusste, dass im Kirchengewölbe ein Rotschwänzchen nistete. Als er seinen „Sonnenhymnus“ spielte, „begann plötzlich das Vögelchen zu singen. Erst kamen nur einige Tönchen, dann mehr und mehr, und schließlich jubilierte der kleine Sänger so, dass er das volle Werk der Orgel mit allen Mixturen, Posaunen, Cymbelsternen und Pauken weit übertönte. Und genau mit dem letzten Orgelakkord war auch der Vogelgesang zu Ende.“[2] Ja: „Es singt und jubelt

[1] J. Gneist, Werner Gneist (1898-1980) – Blick auf sein Leben und Wirken, in: Schriftenreihe des Stadtarchivs Kirchheim unter Teck, Bd. 13, 1991, S. 205

[2] Vorwort zum „Sonnenhymnus“ Passacaglia E-Dur für Orgel von Max Drischner. Sonderdruck des Schultheiß Musikverlages Tübingen o. J.

überall…“

Nun können aber nicht alle Vögel singen, darum heißt es im Lied: „Wem nicht geschenkt ein Stimmelein zu singen…“, soll dennoch den Schöpfer loben: „… und stimmt auf seine Art mit ein, wie schön der Morgen sei.“ Ich denke nur an die Eule, die sogar mit ihrem Heulen Gott preisen kann. Interessanterweise kommt unser Lied auch in der bildenden Kunst vor. Und zwar im Weinort Klein Wintern-heim/Rheinland-Pfalz. Eine Künstlerin hat im Kin-dergarten einen Wandteppich gestaltet. Die Farben und Formen erinnern an das Morgenlicht, das die Dun-kelheit der Nacht vertreibt. Der Wandteppich illustriert das Lied „Es tagt, der Sonne Morgenstrahl“. - Den Liedautor Werner Gneist hätt's gefreut!

Am Abend

Kein schöner Land in dieser Zeit,
als hier das unsre weit und breit,
wo wir uns finden
wohl unter Linden
zur Abendzeit.

Da haben wir so manche Stund
gesessen da in froher Rund
und taten singen,
die Lieder klingen
im Eichengrund.

Daß wir uns hier in diesem Tal
noch treffen so viel hundertmal:
Gott mag es schenken,
Gott mag es lenken,
er hat die Gnad.

Nun Brüder, eine gute Nacht!
Der Herr im hohen Himmel wacht.
In seiner Güten
uns zu behüten
ist er bedacht.

Vom Himmel behütet

„Kein schöner Land..."

Dieses abendliche Volkslied kann eine ganze Stadt verzaubern. Wie die sächsische Hauptstadt Dresden, das Elbflorenz. Es war beim Deutschen Evangelischen Kirchentag 2011, ein Besucher berichtet:

„Unvergesslich das Lichterfest an der Elbe. Stellen Sie sich vor: Über 150.000 Kerzen brannten in den Händen der Teilnehmer, unzählige Lichter schwammen auf dem Strom elbabwärts. Dann der Abendsegen. Und inmitten dieser gigantischen Kulisse wurde das Lied ‚Kein schöner Land in dieser Zeit' gesungen. Das ging ans Herz. So etwas hat die Stadt noch nicht erlebt!"

Welchem Lied gelingt es schon, Menschenmassen derart in seinen Bann zu ziehen? Was hat dieses bekannte Volkslied, was andere Lieder nicht haben? Es scheint ein starkes Solidaritätsgefühl auszulösen. Wer es singt, drückt offensichtlich seine Sehnsucht nach einer friedlichen, harmonischen Welt aus. Nach einer Geborgenheit in Gott. Mit seiner Güte und Gnade fühlt man sich wohl, genießt mit Gleichgesinnten das gesellige Dasein.

Das Lied benutzte man auch zu politischen Zwecken. So erinnert sich ein FAZ-Redakteur an seine Schulzeit in der DDR: „ ‚Kein schöner Land in dieser Zeit' schweißte uns zusammen in den Tagen massenhafter Auswanderung, nachdem irgendwer – möglicherweise ein pommerscher Pfarrer – durch ein Graffito am Umspannturm vor der Stadt uns aufgefordert hatte: ‚Bleibet im Land und wehret euch täglich.' "

Dieses fromme Lied kennt aber auch andere Zeiten. Eine Version z. B. der 3. Strophe in der DDR, der religionsfreien Zone, lautet:

„Dass wir uns hier in diesem Tal
Noch treffen so viel hundertmal,
Last uns bedenken, wie wir es lenken
Für allemal."

Der Text – gesungen 1983 vom Folk-Duo „Zupfgeigenhansel" – ist von religiösen Bezügen befreit. Die originalen Schlussverse hat man getilgt:

"Gott mag es lenken, Gott mag es schenken,
er hat die Gnad."

Was hätte wohl Anton W.F. von Zuccalmaglio (1803-1869) , der Autor dieses Liedes, zu dem umfrisierten banalen Text gesagt? Dieser rheinisch- bergische Heimatdichter und Liedermacher hat Text und Melodie 1838 gestaltet. Mit „Kein schöner Land" meint er das Bergische Land, zwischen Köln und Siegen gelegen. Das Geheimnis des derart beliebten Abendliedes: Der allgemein gehaltene Text lässt sich auf viele Regionen beziehen.

In Zuccalmaglios Geburtsstadt Waldbröl erklingt sein Lied, quasi als Heimathymne, vom Glockenspiel. Bei dessen Einweihung 2013 wirkte auch Kammersänger Günter Wewel (gest. 2018) mit. Er moderierte fast 20 Jahre die ARD-Erfolgssendung „Kein schöner Land".

Übrigens bildeten einmal die ersten acht Töne von „Kein schöner Land" die Pausenmusik des Saarländischen Rundfunks (von 1946 bis 1956).

Guten Abend, gut‘ Nacht,
mit Rosen bedacht.
Mit Näglein besteckt,
schlupf unter die Deck:
Morgen früh, wenn Gott will,
wirst du wieder geweckt,
morgen früh, wenn Gott will,
wirst du wieder geweckt.

Guten Abend, gut‘ Nacht!
Von Englein bewacht,
die zeigen im Traum
dir Christkindleins Baum:
Schlaf nun selig und süß,
schau im Traum `s Paradies.
Schlaf nun selig und süß,
schau im Traum `s Paradies.

Unter Engelschutz
„Guten Abend, gut‘ Nacht…“

Mir bleibt jene helle Mondnacht am Lago Maggiore unvergesslich. Es war auf dem Balkon eines Freundes in Ascona hoch über dem Alpensee. Er bat mich, Brahms‘ weltberühmtes „Guten Abend, gut‘ Nacht“ auf der Trompete zu blasen. Ich spielte es zur Freude Vieler, die zuhörten und mitsangen.

Ob sie eigentlich gewusst haben, was der rätselhafte Text bedeutet „Mit Näglein besteckt, schlupf unter die Deck“? Und was es mit der Wendung „Morgen früh, wenn Gott will, wirst du wieder geweckt“ auf sich hat?

Natürlich wurden die Kinder damals nicht mit Nägeln ins Bett gelegt. Die sog. „Näglein“ bezeichnen Gewürznelken. Man hat sie geliebten Menschen ans Bett gesteckt, weil die enthaltenen ätherischen Öle vor Ungeziefer und Krankheitserregern schützen sollten.

Und dann die beruhigenden Worte „Morgen früh, wenn Gott will, wirst du wieder geweckt“. Das heißt, ich vertraue mich Gottes Willen und seinem Schutz an. Darum diese Einschränkung „Wenn Gott will.“ Ich verspüre dabei eine demütige Haltung gegenüber Gott. Der nächste Morgen liegt in seiner Hand. Es tut gut, mit dem biblischen Vorbehalt zu rechnen: „So Gott will und wir leben“ (nach Jakobus 4,15).

Ich erinnere mich an einen Krankenbesuch in der Chirurgischen Klinik in Heidelberg. Da lag ein ehemaliger Krankenpfleger aus unserer Nachbarschaft, mit dem ich mich sehr verbunden fühlte. Es ging ihm sehr schlecht. Er wusste das und ich auch. Er war an viele Schläuche angeschlossen. Sprechen konnte er nicht mehr, aber mich noch hören. Ich verabschiedete mich mit den Worten „Morgen früh, wenn Gott will, wirst du wieder geweckt.“

Als ich sein Zimmer verließ, sprach mich eine Krankenschwester an, die das Liedzitat gehört hatte: „Also wissen Sie, das ist ja peinlich, das hört sich ja so an, als sei der Patient schon tot.“ Am nächsten Morgen war er tot. Abendlieder haben diesen Ernst. Und das ist gut so.

Zum Glück werden wir von Engeln bewacht. Davon singt die zweite Strophe: „Guten Abend, gut‘ Nacht, von Englein bewacht, die zeigen im Traum dir Christkindleins Baum. Schlaf nun selig und süß, schau im Traum `s Paradies“.

Gewiss, es ist eine etwas süßliche Sprache, eben aus der Epoche der Romantik. Diese Zeit wurzelt tief in der christlichen Kultur. Wer vom Paradies träumt, der träumt von einem Reich des Friedens, der Freiheit, der Freude. Eine wahrlich schöne Zukunftsvision.

Dieses berühmte Volkslied hat Johannes Brahms 1868 vertont. Der Text hat zwei Quellen: Die erste Strophe fand Brahms in der Volksliedersammlung „Des Knaben Wunderhorn" (1808), die zweite Strophe ist eine Gemeinschaftsarbeit von Brahms und dem württembergischen Dichter Georg Scherer (1872).

"Guten Abend, gut' Nacht" erklingt um 18:55 Uhr vom Glockenspiel auf dem Heidelberger Rathaustürmchen. Es erinnert an Brahms' Aufenthalt in Heidelberg.

Der Mond ist aufgegangen,
die goldnen Sternlein prangen
am Himmel hell und klar.
Der Wald steht schwarz und schweiget,
und aus den Wiesen steiget
der weiße Nebel wunderbar.

Seht ihr den Mond dort stehen?
Er ist nur halb zu sehen
und ist doch rund und schön.
So sind wohl manche Sachen,
die wir getrost belachen,
weil unsre Augen sie nicht sehn.

Wir stolzen Menschenkinder
sind eitel arme Sünder
und wissen gar nicht viel.
Wir spinnen Luftgespinste
und suchen viele Künste
und kommen weiter von dem Ziel.

Gott, laß uns dein Heil schauen,
auf nichts Vergänglichs trauen,
nicht Eitelkeit uns freun;
laß uns einfältig werden
und vor dir hier auf Erden
wie Kinder fromm und fröhlich sein.

Wollst endlich sonder Grämen
aus dieser Welt uns nehmen
durch einen sanften Tod;
und wenn du uns genommen,
laß uns in' Himmel kommen,
du unser Herr und unser Gott.

So legt euch denn, ihr Brüder,
in Gottes Namen nieder;
kalt ist der Abendhauch.
Verschon uns, Gott, mit Strafen
und laß uns ruhig schlafen.
Und unsern kranken Nachbarn auch!

Nur romantische Idylle oder mehr?
„Der Mond ist aufgegangen…“

An jene helle Mondnacht werde ich mich immer erinnern. Es war bei einer Hochzeit im Heidelberger Schloss. In der Schlosskapelle hatte ich ein Brautpaar aus San Francisco getraut. Anschließend waren meine Frau und ich zum Festmahl im Schlossrestaurant eingeladen. Es war ein wunderschöner lauer Sommerabend. Als der Vollmond mit seinem glänzenden Lichtschein den Schlosshof verzauberte, ließ ich um Punkt 22 Uhr am Brunnen das Abendlied „Der Mond ist aufgegangen“ auf meiner Trompete erklingen. Tief gerührt stand die Hochzeitsgesellschaft an den offenen Fenstern und sang in ihrer Sprache die erste Strophe mit „The moon is shining brightly…“

Dieses Lied, in 46 Sprachen übersetzt, hat Matthias Claudius (1740-1815) geschrieben, der poetische Journalist aus Hamburg-Wandsbek. Seine naturverbundenen und zugleich frommen Verse wurden rasch beliebt. Das Abendlied ist Volkslied, Kirchenlied und Kinderlied zugleich. Bei unseren Enkelkindern gehört es zum Einschlafritual.

Herbert Grönemeyer, Sänger und Musikproduzent, kann sich der Faszination nicht entziehen. Er beschließt damit seine Konzerttourneen. Und wunschgemäß wurde es bei der Trauerfeier des ehemaligen Bundeskanzlers Helmut Schmidt im November 2015 im Hamburger Michel gesungen.

Manche halten die Liedverse für naiv und einfältig. Dennoch ist Matthias Claudius etwas Geniales gelungen:

Er verbindet den großen Kosmos mit der kleinen Welt der Menschen. Er holt den Mond in unsere häusliche Wohnung herein. Von diesem Himmelskörper kann man lernen. Der halbe Mond belehrt uns: Nie aus dem Halbwissen heraus Menschen und Situationen beurteilen, denen wir so nicht gerecht werden.

Das abendliche Volkslied stimmt nachdenklich, es führt mich zur Erkenntnis: „Wir stolzen Menschenkinder sind eitel arme Sünder und wissen gar nicht viel." Also Vorsicht vor menschlicher Hybris, sie bringt fast immer zu Fall.

Schließlich mündet das ernste Volkslied in ein Gebet ein: „Gott, laß uns dein Heil schauen." Der Dichter Claudius verweist erst jetzt in der 5. Strophe auf den christlichen Glauben: Lass uns mit dir ewig glücklich sein.

Zwei Bitten beschließen das volkstümliche Abendlied: Einmal einen Platz im Himmel zu bekommen und eine sorgenlose, angstfreie Nacht zu verbringen. Zu guter Letzt hat Claudius noch eine Überraschung parat: das Mitgefühl für den „kranken Nachbarn". Eine schöne Geste der Nächstenliebe.

Von den angeblich über 70 Liedvertonungen hat sich nur eine durchgesetzt: Die Melodie von Johann Abraham Peter Schulz von 1790, einem in Lüneburg geborenen Komponisten. Zu dessen Ehre erklingt sie auf dem Glockenspiel mit Meissener Porzellanglocken vom Rathausturm in Lüneburg; allerdings nur vom Frühjahr bis Herbst.

Was ist das Geheimnis des weltberühmten Liedes? Es ist wohl die Einheit von Wort und Ton. Ein poetisches und musikalisches Meisterwerk, einfach ein „Treffer", wie Hermann Hesse sagt.

Im Frühling

Alle Vögel sind schon da, alle Vögel, alle.
Welch ein Singen, Musizier'n,
Pfeifen, Zwitschern, Tirilier'n:
Frühling will nun einmarschier'n,
kommt mit Sang und Schalle.

Wie sie alle lustig sind, flink und froh sich regen.
Amsel, Drossel, Fink und Star
und die ganze Vogelschar
wünschen dir ein frohes Jahr,
lauter Heil und Segen.

Was sie uns verkünden nun, nehmen wir zu Herzen:
wir auch wollen lustig sein,
lustig wie die Vögelein,
hier und dort, feldaus, feldein,
singen, springen, scherzen.

Segenswünsche der Gefiederten
„Alle Vögel sind schon da…"

Hallo Frühling! Ich kann ihn kaum erwarten. Wenn alle Vögel da sind, veranstalten sie ein luftig-lustiges Sängerfestival. Warum singen eigentlich Vögel? Um Partner anzulocken und um ihr Revier zu markieren. So hat es uns die Verhaltensbiologie gelehrt.

Nun haben Forscher herausgefunden, dass das so nicht

stimmt. Vögel singen auch einfach munter vor sich hin, zur Freude des Menschen. Frei von Geltungsdrang. Für Gottes Lohn, könnte man sagen. Kostenloser Musikgenuss unter freiem Himmel. Da grüßen Amsel, Drossel, Fink und Star solistisch.

A m s e l n mag ich besonders gern, weil sie stimmgewaltig seelenvolle Sololieder singen. Ich staune über ihr Repertoire: 100 individuelle Strophen können es sein. Sogar Beethoven hat sich davon inspirieren lassen: Amselgesang klingt im Schlussmotiv seines Violinkonzertes an.

Dann die D r o s s e l mit ihren exzellenten Trillern. Manche Zyprioten sowie Italiener lieben sie eher als Delikatesse auf dem Teller. Anders im ‚Drosselhof', dem ältesten Weingasthaus in der Drosselgasse in Rüdesheim. Auf dem Giebel verfolgt eine Drossel, was in der „fröhlichsten Gasse der Welt" passiert, freilich nur als Figur.

Und der F i n k. Er punktet mit zwei Attraktionen: mit seinem melodienreichen Gesang und seiner bunten Gefiederpracht.

Schließlich der S t a r, gleichfalls ein meisterhafter Stimmkünstler. Er ahmt seine Kollegen unter Flügelflattern perfekt nach. Mozart hat sich diesen Imitator als Haustier gehalten. Sein Privatstar soll seine Musik nachgepfiffen haben, und zwar sein Rondothema aus seinem Klavierkonzert Nr. 17 in G-Dur (KV 453).

„Alle Vögel sind schon da." Dieses wohl beliebteste Volks- und Kinderlied hat ein Norddeutscher gedichtet: August Heinrich Hoffmann von Fallersleben (1798-1874). Von ihm stammen hunderte Studenten-, Liebes-, Heimat-, Vaterland- und Kinderlieder, auch der Text des Deutschlandliedes. Unser Vogellied entsteht 1835 in Breslau. Hier hat der Dichter als Professor der deutschen Sprache und Literatur gewirkt. Er hat eine gute Idee gehabt: Er lässt seinen Liedtext auf die damals bekannte schlesische Melodie „Nun so reis ich fort von hier“ singen. Mit dieser frischen Weise und seinem Text ist ihm ein genialer Wurf gelungen. Das Lied ist heute Kulturgut.

Hat das Lied religiöse Aspekte? Ich entdecke versteckt biblisches Gedankengut. A. H. Hoffmann von Fallersleben kommt aus einem christlichen Elternhaus. Er hat eine Pastorentochter geheiratet und ist bibelkundiger Protestant. „Ich lernte den ganzen hannoverschen Katechismus mit allen seinen Bibelstellen und Gesangbuchversen auswendig, las viel in der Bibel, … besuchte regelmäßig den Konfirmandenunterricht“, notiert er in seiner Autobiographie.
So erklärt sich seine Wortwahl „Heil und Segen“, „verkünden“.
„… wünschen dir ein frohes Jahr, lauter Heil und Segen.“ Nützliche Wünsche sind das, „Heil“, also Wohlergehen, neue Lebenskraft, körperliche, geistig und seelische Gesundheit. Und „Segen“, das ist göttlicher Schutz, Glück und Wohltat.

Zu guter Letzt lassen wir uns gern auffordern und einladen, es den Vögeln gleichzutun. „Was sie uns verkünden nun, nehmen wir zu Herzen: alle woll‘n wir lustig sein, lustig wie die Vögelein.“ Es ist ein volkstümlich-lustiges Frühlingslied. Dreimal kommt das Eigenschaftswort ‚lustig‘ vor: also vergnügt, fröhlich, heiter, munter. Wenn doch solch vergnügt-beschwingtes Dasein auf Viele ausstrahlte! Offenbar kennt der Dichter das Bibelwort „Ein fröhlich Herz macht das Leben lustig“, so in den Sprüchen Salomos (Spr. 17,12).

Vielleicht hat er sich auch inspirieren lassen von Martin Luthers Brief an seinen vierjährigen Sohn Hans: „Ich weiß einen hübschen lustigen Garten, da… gehen viele Kinder innen, … singen, springen und sind fröhlich“, pfeifen und musizieren.

„Alle Vögel sind schon da“ – das ist Lebenslust pur, kindgerecht verkündet unterm Schöpfungshimmel. Unsere Enkelkinder in Berlin mögen das Lied. –

Eine musikalisch-geniale Idee hat der Komponist Julius Spengel (1853-1936) gehabt: Er hat die Melodie zu einem Kanon umgeformt.

Anonymus (19./20. Jh.), Vogelstudien

Frau Musika spricht:
Die beste Zeit im Jahr ist mein,
da singen alle Vögelein,
Himmel und Erden ist der voll,
viel gut Gesang, der lautet wohl.

Voran die liebe Nachtigall
macht alles fröhlich überall
mit ihrem lieblichen Gesang,
des muß sie haben immer Dank.

Dem singt und springt sie Tag und Nacht,
seins Lobes sie nichts müde macht:
den ehrt und lobt auch mein Gesang
und sagt ihm einen ewgen Dank.

Heilsame Wirkung der Musik
„Die beste Zeit im Jahr ist mein…“

Schon im Februar singen, tschilpen, zwitschern, pfeifen, jubilieren und tirilieren sie: die Vögel in unserem Garten. Aber im April erst, da trumpft die Meistersopranistin unter den Gefiederten auf, die Nachtigall. Dann ist sie zurück aus dem zigtausend Kilometer entfernten Afrika, wo sie überwintert hat. Und wir ergötzen uns an ihren Bravour-Arien. Unglaublich, bis zu 260 unterschiedliche Strophen beherrscht diese „Königin der Nacht“. Viele davon höre ich zu später Stunde in den Neckarauen in Heidelberg.

Diesem Vogelkonzert hat Martin Luther (1483-1546) seinen Liedtext gewidmet: „Die beste Zeit im Jahr ist mein.“ Er hat ihn ‚Frau Musika‘ zu Ehren verfasst. Eine Hymne auf die Wirkung der Musik. Sie vermag niedergeschlagene Seelen aufzurichten. Kann unser Wohlbefinden stärken. Luther liebte die Musik, „weil sie ein ruhiges und fröhliches Herz schenkt.“ Sie heilt, kräftigt, ermutigt. Für dieses musikalische Therapeutikum steht die Nachtigall. Sie „macht alles fröhlich überall mit ihrem lieblichen Gesang“, dichtet Luther.

Und wenn sie Tag und Nacht „singt und springt“, dann verkündet sie bereits das Gotteslob. Darum sagt Luther: „Wenn du eine Nachtigall hörest, so hörest du den feinsten Prediger.“

Diese bezaubernde Stimmenvirtuosin bezeugt die Schöpfungswunder. Wenn ich der stimmbegabten Nachtsängerin lausche, dann genieße ich ihre Gesangskoloraturen als Seelen-Arznei. Aber nicht nur draußen im Freien. Auch wenn ich selbst musiziere, singe, erlebe ich am eigenen Leib: Das tut gut, eröffnet eine neue Welt, nimmt mich mit in andere Sphären. Baut auf, gibt Kraft, beschwingt.

Immer wenn ich in das Gottesgeschenk der Musik einstimme, erlebe ich die beste Zeit im Jahr. Ich singe unser geistliches Volkslied gern. Auch gefällt mir die schöne, leichte Melodie. Sie geht auf eine Volksliedweise aus dem 16. Jahrhundert zurück.

Ein kleines Kuriosum: Schon Jahre vor dem gedruckten Text „Die beste Zeit im Jahr ist mein“ hatte Martin Luther den Beinamen „Wittenbergisch´ Nachtigall“ bekommen. So nannte ihn Hans Sachs, der Nürnberger Reformationsdichter, in seiner Lobeshymne 1523 auf den Reformator. Hier unterstreicht die ‚Nachtigall‘ Luthers musikalische Talente (als Lautenist, Querflötist und Tenorsänger). –

Vier berühmte Komponisten seien genannt, die sich vom Gesang der Nachtigall haben inspirieren lassen: François Couperin, Georg Friedrich Händel, Ludwig van Beethoven und Johannes Brahms.

Couperin schuf „Die verliebte Nachtigall“ („Le Rossignol en Amour“). Händel schrieb mehrere Werke über die Nachtigall, sein bekanntestes ist sein Orgelkonzert Nr. 13 „Der Kuckuck und die Nachtigall“. Und in seinem Oratorium „Salomon“ präsentiert er einen sog. Nachtigallen-Chor. Bei Beethoven findet sich in seiner 6. Sinfonie (Pastorale) eine Nachtigallen-Imitation, im 2. Satz dargestellt durch die Flöte. Brahms komponierte gleich mehrere Nachtigallen-Lieder (op. 6/6; op. 46; op. 97/1).

Berlin gilt übrigens als die „Stadt der Nachtigall“. Hier

haben die Nachtigallen ihr größtes Brutgebiet. Sie fühlen sich hier wohl, angeblich wegen der vielen verwilderten Grünflächen und ungepflegten Parks.

Der Mai ist gekommen, die Bäume schlagen aus,
da bleibe, wer Lust hat, mit Sorgen zu Haus;
wie die Wolken dort wandern am himmlischen Zelt,
so steht auch mir der Sinn in die weite, weite Welt.

Herr Vater, Frau Mutter, dass Gott euch behüt!
Wer weiß, wo in der Ferne mein Glück mir noch blüht!
Es gibt so manche Straße, da nimmer ich marschiert,
es gibt so manchen Wein, den ich nimmer noch probiert.

Frisch auf drum, frisch auf drum im hellen Sonnen-
strahl
wohl über die Berge, wohl durch das tiefe Tal!
Die Quellen erklingen, die Bäume rauschen all,
mein Herz ist wie `ne Lerche und stimmet ein mit Schall.

Und abends im Städtlein, da kehr ich durstig ein:
„Herr Wirt, Herr Wirt, eine Kanne blanken Wein!
Ergreife die Fiedel, du lust'ger Spielmann du,
von meinem Schatz das Liedel, sing ich dazu.

O Wandern, o Wandern, du freie Burschenlust!
Da wehet Gottes Odem so frisch in die Brust;
da singet und jauchzet das Herz zum Himmelszelt.
Wie bist du doch so schön, o du weite, weite Welt!

Gottes Odem vom Rathausbalkon
„Der Mai ist gekommen…"

Seit über 20 Jahren erklang „Der Mai ist gekommen" vom Heidelberger Rathausbalkon. Immer mittwochs um 12 Uhr im Wonnemonat Mai. Ich spielte das Lied auf meiner Trompete, begleitet vom E-Piano. Diese musikalische Aktion hieß „Maienlieder und Bachchoräle". In Deutschland wohl einmalig. Die Melodie dürfte den meisten Zuhörern auf dem Marktplatz geläufig gewesen sein. Wie aber stand es mit dem Text?

Emanuel Geibel (1815-1884), der Lyriker aus Lübeck, hat den Liedtext gedichtet. Und zwar Anfang Mai 1841. Wer aber weiß schon, dass das Lied persönlich gefärbt ist? Vier Wochen vorher nämlich verstirbt Geibels Mutter. Er wird depressiv. Aus dieser trüben Verfassung holt ihn ein adliger Kunstmäzen heraus: Freiherr Karl von der Malsburg. Er lädt ihn auf sein Schloss Escheberg bei Kassel ein, um in seiner Bibliothek zu arbeiten. Vor lauter Freude auf die bevorstehende Reise schreibt Geibel „Der Mai ist gekommen". Entstanden ist es vor den Toren Lübecks, als er zum Sommersitz auf Gut Krempelsdorf wanderte. Die aufblühende Natur hat ihn inspiriert.

Zunächst preist er den Schöpfungscharme, den der Mai versprüht. Dann malt er sich reich aus, was ihn auf seiner Wanderung ins Nordhessische wohl erwarten könnte. So lässt er seine Sorgen und Eltern zurück (bewusst bezieht er auch seine verstorbene Mutter mit ein). Ihnen wünscht er, „daß Gott euch behüt!". Neues möchte er kennenlernen. Die weite Welt sehen. Dabei die Sonne über Berg und Tal genießen, den Wein im Wirtshaus, dem Spielmann zuhören. Seine Studentenzeit fällt ihm ein, die „freie Burschenlust". Als Bonner Burschenschafter erlebt er sie jetzt wieder, berauscht sich daran und schwelgt im Glück.

Er, der Pfarrerssohn, beschließt seinen Liedtext mit einem geistlichen Ausblick: Beim Wandern „weht Gottes Odem so frisch in die Brust, da singet und jauchzet das Herz zum Himmelszelt: wie bist du doch so schön, du weite, weite Welt.“,

Das Stichwort „Gottes Odem“ erinnert mich an die Schöpfungsgeschichte, an ihre Krönung: „Da machte Gott, der Herr, den Menschen aus Staub von der Erde und blies ihm den lebendigen Odem in seine Nase. Und so ward der Mensch ein lebendiges Wesen.“ (1. Mose 2,7) Der Schöpfer hauchte also seinen eigenen Atem in die Nase von Adam. Gottes Odem schenkt Leben. Die Kraft, die munter macht. Die Quelle, die erfrischt. Wer den Lebensatem Gottes spürt, muss einfach singen, jauchzen. Mir fällt auf, wie Geibel den Klängen draußen im Freien lauscht, sie uns geradezu hören lässt: Bäume rauschen, Quellen erklingen, Lerchen tirilieren. Zudem fiedelt der Spielmann, es singt der Poet selbst. Das verwundert nicht, es sind ja Verse eines musisch Begabten. Und wenn er dreimal von Bäumen schwärmt: sie symbolisieren das Leben. So steht die Linde für Licht und Frühling, der Kirschbaum z. B. für Lebensfreude. Die singt er sich wandernd ins Herz.

„Der Mai ist gekommen“ – einfach ein Treffer. Ein Evergreen, der Frühlingsstimmung verbreitet. Dank der einfachen Melodie von Justus Wilhelm Lyra (1822-1882), einem Komponisten und Pfarrer in Gehrden bei Hannover. Er hat das Lied 1842 vertont. Es trifft den jubelnden Ton des Textes. – In Lübeck wird der Mai mit Geibels Lied um Mitternacht traditionell angesungen – und nicht nur dort.

Alles neu macht der Mai,
macht die Seele frisch und frei.
Laßt das Haus, kommt hinaus,
windet einen Strauß!
Rings erglänzet Sonnenschein,
duftend pranget Flur und Hain:
Vogelsang, Hörnerklang
tönt den Wald entlang.

Wir durchzieh'n Saaten grün,
Haine, die ergötzend blüh'n,
Waldespracht, neu gemacht
nach des Winters Nacht.
Dort im Schatten an dem Quell
rieselnd munter silberhell
Klein und Groß ruht im Moos,
wie im weichen Schoß.

Hier und dort, fort und fort,
wo wir ziehen, Ort für Ort,
alles freut sich der Zeit,
die verschönt erneut.
Widerschein der Schöpfung blüht
uns erneuernd im Gemüt.
Alles neu, frisch und frei
macht der holde Mai.

Wo sich die Schöpfung spiegelt
„Alles neu macht der Mai…“

Er zieht uns nach draußen ins Freie: Der Wonnemonat Mai. „Verlasst das Haus“, lasst frischen Wind in euer Leben. Werdet kreativ. Fangt gleich an mit einem selbstgestalteten Blumenstrauß. Maienzeit beflügelt Leib, Herz und Seele. Davon ist Hermann Adam von Kamp (1796-1867), unser Textdichter aus Mülheim/Ruhr, hellauf begeistert. Dieser Lehrer und Schriftsteller reagiert auf die Natur geradezu euphorisch: Sie glänzt, duftet, prangt, ertönt, ergötzt, blüht, sprudelt und verjüngt.

Der Autor schwärmt von der Sonne, der Lebensenergie vom Himmel. Fasziniert ist er von den Singvögeln, die uns jeden Morgen an ihrem Konzert teilhaben lassen, und von den Klängen des Waldhorns.

Im wunderschönen Monat Mai möchten wir endlich wieder hinaus, haben Lust auf Bewegung. „Wir durchziehn Saaten grün,/Haine, die ergötzend blühn…“. Grün erfrischt, fördert unser Wohlbefinden. Passend dazu fand ich folgendes Gebet: „Ich danke dir für das Grün der Saaten und der Wiesen, das mein Auge streichelt.“

Mit anderen unterwegs sein, zu Fuß oder mit dem Fahrrad, pustet den Alltagsstaub von der Seele. Dann die Wälder. Als wollte uns der Dichter sagen: Geht in den Wald! Da bekommt ihr einen klaren Kopf und werdet innerlich ruhig. Ebenso auch am schattigen Bächlein, wo sich Groß und Klein erholen können, sich im Moos wohlfühlen „wie im weichen Schoß.“

In der Schlussstrophe bringt er es auf den Punkt: „Widerschein der Schöpfung blüht.“

Ihre Pracht spiegelt sich im Lied wider. Sie erneuert unsere geistigen und seelischen Kräfte, unser Befinden („Gemüt"). Wir leben auf, wenn wir die Natur mit allen Sinnen wahrnehmen: sie sehen, riechen und hören und fühlen. Der evangelisch-reformierte Liedautor v. Kamp weiß, wovon der spricht. In „Alles neu macht der Mai" steckt seine ganze Glaubenshaltung, wenn auch etwas verhüllt. Konkret wird er in seinen zahlreichen Gedichten, wie etwa hier:

„Bald blinkt die liebe Sonne/dort überm Fichtenwald./In meines Herzens Wonne/dir, Gott, ein Lied erschallt." Und in einem Schöpfungslob heißt es: „Und alle diese Gaben/streut Gottes milde Hand,/ des Menschen Herz zu laben,/mit Lust auf jedes Land… Drum soll der Mensch voll Freude/stets auf den Geber seh'n…" [3]

Könnte es etwa sein, dass in seinem Frühlingslied das Wort vom Propheten Jesaja anklingt: „Siehe, nun mache ich etwas Neues. Schon sprießt es, merkt ihr es nicht?" (Jes. 43,19). Vom Schöpfergott geht der Impuls für neues Leben aus.

Warum ist dies Volkslied nach wie vor populär? Es sind wohl zwei Gründe: Einmal die fröhliche Melodie, jene alte Volksweise „Fahret hin", bekanntgeworden durch das Kinderlied „Hänschen klein". Und zum andern gefällt uns die Wiederkehr gleicher Textlaute, wie „Lasst das Haus, kommt hinaus, windet einen Strauß". Diese sogenannte Alliteration erhöht die klangliche Wirkung. – Das Maienlied aus Mülheim, 1818 geschrieben, gehört zum deutschen Kulturgut.

---

[3] Natur und Menschenleben – Hermann Adam von Kamp

Beim Wandern

Wer recht in Freuden wandern will,
der geh' der Sonn entgegen;
da ist der Wald so kirchenstill,
kein Lüftchen mag sich regen.
Noch sind nicht die Lerchen wach,
nur im hohen Gras der Bach
singt leise den Morgensegen.

Die ganze Welt ist wie ein Buch,
darin uns aufgeschrieben
in bunten Zeilen manch ein Spruch,
wie Gott uns treu geblieben.
Wald und Blumen nah und fern
und der helle Morgenstern
sind Zeugen von seinem Lieben.

Und plötzlich läßt die Nachtigall
im Busch ihr Lied erklingen,
in Berg und Tal erwacht der Schall
und will sich aufwärts schwingen;
und der Morgenröte Schein
stimmt in lichter Glut mit ein:
Laßt uns dem Herrn lobsingen!

Morgensegen im kirchenstillen Wald
„Wer recht in Freuden wandern will…“

Immer wieder zieht es mich in den Heidelberger Stadtwald. In das Königsstuhlgebiet, über 500 Meter hoch gelegen. Hier ist die Luft rein, und meine Lunge tankt frischen Sauerstoff. Ich genieße ein Bad im Grünen: das sogenannte Waldbaden. Damit entfliehe ich dem Alltagsstress. Diese Entspannungstechnik empfiehlt ein Naturmagazin, so geht's:

„Schließen Sie die Augen und atmen Sie tief ein. Lauschen sie dem Gezwitscher der Vögel, dem Plätschern von Wasser, dem Rauschen der Blätter. Nehmen Sie den Duft des Waldes bewusst wahr. Öffnen Sie die Augen und betrachten Sie achtsam Käfer, Vögel oder bunte Schmetterlinge.“

So erlebe ich eine Ruheoase. „Da ist der Wald so kirchenstill“, dichtet Emmanuel Geibel (1815-1884), Lübecker Pfarrerssohn, in seinem geistlichen Volkslied „Wer recht in Freuden wandern will“. Wir haben den Sinn für die Stille verloren. Heute ist das Handy überall dabei. Stille aber benötigt jeder, um den täglichen Geräuschpegel zu unterbrechen. Der kirchenstille Wald ist dafür geradezu prädestiniert. Für Emanuel Geibel ist er ein Andachtsort, quasi ein Sakralraum.

Ein Freund im Teutoburger Wald erzählte mir: „Frühmorgens ‚noch sind nicht die Lerchen wach‘, trat ich aus der Stille des Buchenwaldes. Azurblauer Himmel, kein Wölkchen, kein Kondensstreifen, keine Störung nirgendwo. Diese Ruhe! Und dann stieg in mir das Lied auf „Wer recht in Freuden wandern will, der geh der Sonn entgegen! Da ist der Wald so kirchenstill, kein Lüftchen mag sich regen. Noch sind nicht die Lerchen wach, nur im hohen Gras der Bach singt leise den Morgensegen.'"

In der zweiten Strophe vergleicht der Liedautor Geibel die Schöpfung mit einem Bilderbuch: „Darin uns aufgeschrieben in bunten Zeilen manch ein Spruch, wie Gott uns treu geblieben."

Die gesamte Natur, handsigniert vom Schöpfer, weist auf ihn selbst hin und macht ihn sichtbar. Da klingt das Psalmwort an: „Der Herr hat Himmel und Erde gemacht, das Meer und alle Geschöpfe, er hält ewig die Treue." (Ps. 146,6) Dabei spannt sich der Bogen vom Mikrokosmos (in den Blumen) bis zum Makrokosmos (im Morgenstern). Die ganze Natur bezeugt Gottes Liebe und Treue. Darum der abschließende Hymnus „Laßt uns dem Herrn lobsingen". Unser geistliches Volkslied gibt vier Empfehlungen mit: Macht euch auf! Seht! Hört! Staunt!

Helen Keller (1880-1968), jene taubblinde US-Schriftstellerin, appelliert an jeden Augenmenschen: „Gebraucht eure Augen so, als ob ihr morgen erblinden müsstet. Nutzt alle eure Sinne aus, soviel ihr könnt; freut euch der tausendfältigen Schönheit der Welt, die sich euch durch eure Sinne offenbart. Von allen Sinnen aber, das glaube ich bestimmt, muss das Augenlicht das köstlichste sein." (In: B. Meuser, Am Ende des Tages, 365 Gebete, Basel 2017) Emanuel Geibels Lied ist für mich ein einziges Glaubenszeugnis.

Noch zwei kleine Beobachtungen: Vogelgesang erklingt nur in der Schlussstrophe: „Und plötzlich läßt die Nachtigall im Busch ihr Lied erklingen", nicht die Lerche, die ist so früh noch nicht munter. Und dann ist da diese schwungvolle Aufwärtsbewegung. Da sitzt die Meistersängerin unten im Busch. Von hier schmettert sie

ihre Bravourarien hoch über Berg und Tal aufwärts in die Höhe. Bis in die lichte Glut der Morgenröte, himmelwärts. Symbolisiert sie die Himmelssehnsucht?
Die frische Melodie hat Gustav Klauer 1839 beigesteuert Er wirkte als Komponist, Lehrer und Organist in Eisleben.

Wem Gott will rechte Gunst erweisen,
den schickt er in die weite Welt,
dem will er seine Wunder weisen
in Berg und Tal und Strom und Feld.

Die Bächlein von den Bergen springen,
die Lerchen schwirren hoch vor Lust;
was sollt' ich nicht mit ihnen singen
aus voller Kehl' und frischer Brust?

Den lieben Gott laß ich nur walten,
der Bächlein, Lerchen, Wald und Feld
und Erd und Himmel will erhalten,
hat auch mein Sach' aufs best' bestellt.

Reiselied vom göttlichen Wohlwollen
„Wem Gott will rechte Gunst erweisen…“

„Wem Gott will rechte Gunst erweisen“ zählt zu den beliebtesten Volksliedern. Von klein auf begleitet mich dieses Lied von Joseph von Eichendorff. Die ersten vier Töne kommen mir vor wie ein Trompetensignal, das zum Aufbruch bläst. Die schwungvolle Melodie strahlt für mich Optimismus aus. Ein exzellenter Wurf, ein melodiöses Kleinod, 1833 geschrieben von Friedrich Theodor Fröhlich, einem Schweizer Komponisten.

„Wem Gott will rechte Gunst erweisen, den schickt er in die weite Welt…“ Sehnsuchtsverse sind das. Sie machen Lust, auf Entdeckungsreisen zu gehen. Raus aus dem täglichen Alltagstrott, hinfliegen wo die Zitronen blühen. Das muss aber nicht sein, man kann auch hierzulande die „Wunder… in Berg und Wald und Strom und Feld“ erleben, wie etwa „auf Fontanes Spuren durch das grüne Venedig“ im Spreewald wandeln oder im „Gottesgarten zwischen Bergeshöhn“ im Frankenland oder im „Land der tausend Hügel“ im Bergischen Land oder im „Arkadien der Preußen“ vor den Toren Berlins oder da, „wo die Seen kleine Meere sind“ wie in der Mecklenburgischen Ferienlandschaft.

Eichendorff, der populärste Dichter der Romantik, entdeckt seine Liebe zur Schöpfung und Natur in seiner schlesischen Heimat. Aufgewachsen ist er auf Schloss Lubowitz bei Ratibor, umgeben von prächtigen Wäldern, vielen Flüssen, Bergen und Seen. Der reiselustige Eichendorff saugt die Wunder in Berg und Tal, in Strom und Feld auf: In Breslau, wo er das Gymnasium besucht, ist ihm die Oder vertraut. In Halle, wo er studiert, die Saale. Auf seiner Reise nach Heidelberg, zum Jurastudium, durchfährt er Berg und Tal im Thüringer Wald, in der Rhön, im Odenwald.

Der Dichter lädt uns ein, die sonnengetränkten Hochsommertage auszukosten. Für ihn ist es ein Gottesgeschenk, reisen zu dürfen. Dementsprechend ist für ihn das Reisen spirituell geprägt. Holidays – in diesem englischen Wort ist noch zu erkennen, dass Ferientage einmal ‚holy days' waren: heilige Tage. Im Wort ‚holy' steckt ‚whole' drin, das Wort für ‚ganz, heil'. Urlaubstage sind also heilsame Tage zum Ganzwerden, zum Gesunden, heilige Tage, die Gott schenkt.
„Wem Gott will rechte Gunst erweisen…" Gunst und Gönnen gehören zusammen. Gott zeigt dem Menschen seine wohlwollende Haltung. Er ist ein Gönnergott. Er gönnt uns seine Wunderwelt: den Ausflug ans Meer, in die Berge, wo die Luft gut ist und wir durchatmen können, den Gesang der Lerchen, für uns himmlische Musiktherapie, dazu kostenlos.

Die Finalstrophe unseres Reiseliedes ist ein Bekenntnis: „Den lieben Gott lass ich nur walten." Hier leuchtet der Choral auf „Wer nur den lieben Gott lässt walten und hoffet auf ihn allezeit, den wird er wunderbar erhalten…" vom Dichterkomponisten Georg Neumark. Gott waltet über mir, beschützt mich auf der Reiseroute meines Lebens. „… hat mein Sach auf's best bestellt", das heißt: Er hat sich meiner angenommen, er waltet darüber, was ich vorhabe. – Ein Volkslied von Gottes Wohlwollen. Damit können wir getrost auf Reisen gehen.

Auf, du junger Wandersmann,
jetzo kommt die Zeit heran,
die Wanderzeit, die gibt uns Freud.
Woll'n uns auf die Fahrt begeben,
das ist unser schönstes Leben:
große Wasser, Berg und Tal
anzuschauen überall.

An dem schönen Donaufluß
findet man ja seine Lust
und seine Freud auf grüner Heid,
wo die Vöglein lieblich singen
und die Hirschlein fröhlich springen,
dann kommt man vor eine Stadt,
wo man gute Arbeit hat.

Mancher hat auf seiner Reis
ausgestanden Müh und Schweiß
und Not und Pein, das muß so sein;
trägt's Felleisen auf dem Rücken,
trägt es über tausend Brücken,
bis er kommt nach Innsbruck ein,
wo man trinkt Tiroler Wein.

Morgens, wenn der Tag angeht
und die Sonn am Himmel steht
so herrlich rot wie Milch und Blut:
Auf, ihr Brüder, laßt uns reisen,
unserm Herrgott Dank erweisen
für die fröhlich Wanderzeit,
hier und in die Ewigkeit!

Per pedes - mit Dank auf den Lippen
„Auf, du junger Wandersmann…“

Es muss im Harz gewesen sein, auf einer Jugendfreizeit. Zehn Jahre war ich alt, als wir dieses frische Lied oft gesungen haben. Ich habe es sehr liebgewonnen: Im duftenden Wald, an sprudelnden Bächen, an schäumenden Wasserfällen, in grünen Tälern, in tiefen Schluchten.

Lange Zeit war Wandern nicht sehr beliebt. Erst in den 1990er Jahren begeisterten sich immer mehr Menschen dafür. Heute wandern fast 40 Millionen Deutsche gern, so berichtet ein Podcast der Deutschen Welle vom Sommer 2010. Wandern ist gesund. Verschafft körperlichen, geistigen und seelischen Ausgleich. Wer die grüne Natur durchstreift, fühlt sich glücklich und zufrieden.

„Auf, du junger Wandersmann“ stammt aus der Handwerksburschenzeit. Es besingt die Freuden und Nöte der Wanderjahre junger Handwerksgesellen. Nach bestandener Gesellenprüfung zogen sie „auf die Walz“. Während dieser Wanderschaft sammelten sie Berufserfahrung, um dann die Meisterwürde zu erlangen.

Es gibt die Handwerksburschen heute noch. Etwa 500 Wandergesellen sind auf Achse. Manchmal begegnen sie mir in ihrer typischen dunklen Gesellentracht: Schlapphut mit breiter Krempe, kragenloses weißes Oberhemd, Schlaghose, Weste, Jackett, dunkle Schuhe, Wanderstock und geschnürtes Bündel („Felleisen“) mit gesamtem Hab und Gut. Drei Jahre und ein Tag sind sie auf Schusters Rappen unterwegs, müssen ledig sein, schuldenfrei und unter dreißig Jahre.

„Auf, du junger Wandersmann“ fußt auf einem fränkischen Handwerkerlied des 19. Jahrhunderts. Wiederentdeckt hat es der Deutschböhme Walther Hensel (1887-1956). Er, der Volksliedforscher und Pädagoge, hat das Lied zu neuem Leben erweckt, hat Text und Melodie überarbeitet. Damit ist es in der deutschen Jugendbewegung „Wandervogel“, die er vertrat, bekanntgeworden. Bis heute ist es ein beliebtes Wanderlied.

Bemerkenswert ist die letzte Strophe. Sie klingt religiös aus: „Morgens, wenn der Tag angeht und die Sonn am Himmel steht so herrlich rot wie Milch und Blut: auf, ihr Brüder, lasst uns reisen, unserm Herrgott Dank erweisen für die fröhlich Wanderzeit, hier und in die Ewigkeit.“
Der spirituelle Aspekt verwundert nicht. Denn dem Autor Walther Hensel war sehr daran gelegen, den religiösen Hintergrund der Volkslieder zu erforschen. Zudem stand er mit christlichen Jugendgruppen im Gedankenaustausch. So hat er sich nicht gescheut, sein Lied mit einer geistlichen Perspektive abzuschließen: Er dankt dem Schöpfer für die fröhliche Wanderzeit. Nicht nur hier auf Erden. Er berücksichtigt auch die letzte Etappe in die Ewigkeit. Also in den völlig anderen Daseinsbereich, den wir uns nicht vorstellen können. Da klingt bei mir Paul Gerhardts Sommerlied „Geh aus, mein Herz“ an: „…und lass mich bis zur letzten Reis an Leib und Seele grünen.“

Hensels Text hat Tiefgang. Zwei Liedzeilen haben mich aber stutzig gemacht: „Morgens, wenn … die Sonn am Himmel steht so herrlich rot wie Milch und Blut“. Ein merkwürdiger Vergleich! Ich verstehe ihn so: Das Morgenrot der Sonne ist nicht nur schön anzusehen, sondern vor allem ist ja die Sonne lebenswichtig, wie Milch und Blut es auch sind, kostbar und wertvoll. So begrüßt uns heiter das himmlische Licht. Es beflügelt uns, macht vergnügt und munter.

Dieses schwungvolle Wanderlied singe und musiziere ich heute noch gerne.

Mich brennt's in meinen Reiseschuh'n,
fort mit der Zeit zu schreiten,
was wollen wir agieren nun
vor so viel klugen Leuten?

Es hebt das Dach sich von dem Haus,
und die Kulissen rühren
und strecken sich zum Himmel raus,
Strom, Wälder musizieren.

Da geh'n die einen müde fort,
die andern nah'n behende,
das alte Stück, man spielt's so fort
und kriegt es nie zu Ende.

Und keiner kennt den letzten Akt
von allen, die da spielen,
nur der da droben schlägt den Takt,
weiß, wo das hin will zielen.

Der himmlische Taktgeber
„Mich brennt's in meinen Reiseschuh'n…"

Typisch für Joseph von Eichendorff ist seine nie versiegende Reiselust. Seine Sehnsucht in die Ferne begleitet stets ein tiefes Gottvertrauen. Das hat er in seinem katholischen Elternhaus frühzeitig mitbekommen. Die Bibel zu lesen gehörte zu seinem Alltag. Daher prägt eine tiefe Glaubensgewissheit seine Dichtkunst. So kann er in seinem Wanderlied „Mich brennt's in meinen Reiseschuh'n" in der letzten Strophe sagen: „Nur der da droben schlägt den Takt, weiß, wo das hin will zielen."

Es ist für den Dichter selbstverständlich, dass der Mensch nicht allein seine Lebensreise gestaltet. Er plant den Schöpfer des Lebens mit ein. Der Begriff ‚Takt' stammt vom lateinischen Wort ‚tactus' und bedeutet: Berührung, Stoß, Wirkung und Einfluss. Takt ist auch Beziehung; wenn wir taktvoll miteinander umgehen, wirken wir positiv auf andere Menschen. Damit beeinflussen wir unser Alltagsklima. Wir verbessern die kleine Welt um uns herum.

„Nur der da droben schlägt den Takt" heißt: Unser Leben wird berührt, angestoßen, Gott berührt. Er da droben schlägt den Takt. Diese Blickrichtung findet Eichendorff beim Apostel Paulus bestätigt: „Richtet eure Gedanken nach d r o b e n und nicht auf die irdischen Dinge." (Kolosser 3,1)

Gott schlägt den Takt für uns: nicht immer harmonisch, sein Takt, sein Stoß ergibt nicht immer die Lebensmelodie, die wir uns wünschen. Er schenkt uns keinen Garantieschein, dass alles gelingt. Aber er weiß, wo es mit uns hingeht, „wo das hin will zielen."

Wieder klingt sein biblischer Glaube durch, bei den Sprüchen Salomos (16,9) liest er: „Der Mensch macht Pläne, ob sie ausgeführt werden, bestimmt Gott.“ Von daher sagt der Volksmund: Der Mensch denkt, Gott aber lenkt.

Dies ist sein Anliegen, und das möchte er in seinem Lied jedem vermitteln.

Gleichzeitig warnt er davor, uns vom Glauben abzuheben. Ohne diesen fehlt uns im Leben die taktvolle Rücksichtnahme im Umgang miteinander.

Der Liedtext ist durch die leichte, eingängige Melodie von Cesar Bresgen (1913-1988), dem österreichischen Komponisten und Volksliedforscher, bekannt geworden. Verbreitet wurde das Lied von 1938 hauptsächlich durch “Die Mundorgel“. Dieses Fahrtenliederbuch erschien erstmals 1953. Knapp zwanzig Jahre später besaßen bereits 10 Millionen Jugendliche das kleine handliche rote Liederbüchlein. Seitdem ist das Reiselied auch in vielen verschiedenen Liedausgaben zu finden.

Auf, auf, ihr Wandersleut,
zum Wandern kommt die Zeit!
Tut euch nicht lang verweilen,
in Gottes Namen reisen,
das Glück, das laufet immerfort
an einen andern Ort.

Ihr liebsten Eltern mein,
ich will euch dankbar sein;
die ihr mir habt gegeben
von Gott ein langes Leben,
so gebet mir gleich einer Speis
den Segen auf die Reis.

Der Tau vom Himmel fällt,
hell wird das Firmament.
Die Vöglein in den Höhen,
wenn sie vom Schlaf aufstehen,
so sing'n sie mir zu meiner Freud:
Lebt wohl, ihr Wandersleut!

Reisen in Gottes Namen
„Auf, auf, ihr Wandersleut…"

Ein Lied aus der Zeit der umherziehenden Handwerksburschen. Nach bestandener Gesellenprüfung gingen sie auf Wanderschaft. Sie wollten neue Arbeitspraktiken, fremde Orte und Lebenserfahrung sammeln. Ich sehe solch einen Wanderer im Frühjahr regelrecht vor mir. Wie er seine Handwerkskollegen ansporrnt, mit ihm in die Weite zu ziehen: Auf, zögert nicht lange! Los geht's!

Und dann der religiöse Hinweis, in Gottes Namen zu reisen. Das erinnert mich an das uralte Wallfahrerlied: „In Gottes Namen fahren wir, sein Hilf und Gnad begehren wir… Kyrieleis.“ Hier beten Reisende um göttlichen Beistand für unterwegs. Gott möge sie wohlwollend begleiten.

In unserm Lied - es stammt von Adolf König (1863-1909) - ist dann sogleich die Rede vom Glück, „… das laufet immerfort an einen andern Ort.“ Das heißt doch so viel wie: Man muss dem Glück nachgehen, muss es suchen. Wenn wir nur wüssten, wie wir es erreichen. Vielleicht ist es nicht weit weg, nicht irgendwo hinter den Bergen in einem fremden Land und nicht in irgendeiner Karriere, sondern ganz nahe, etwa: “Ein Wort, ein Lied, ein Lächeln kann mich glücklich machen und auch Geborgenheit, die in die Zukunft weist.“ Auf jeden Fall hat mein Werbeprospekt recht: „Reisen macht glücklich.“

Bevor unser Wandersmann in unserm Lied loszieht, bedankt er sich bei seinen Eltern: Sie haben es ihm ermöglicht, sein Leben selbst zu gestalten. Dafür erbittet er ihren Segen – den Reisesegen. Mit diesem Geleitschutz Gottes will er getrost seine Wanderschaft antreten. Ich selbst habe es immer als wohltuend empfunden, wenn ich mich von meinem Vater verabschiedete und er sagte „Gott befohlen!“ Das war sein Segenswort für mich. Es tat mir gut. –

Die Lust am Wandern haben Menschen auch heute nicht verloren. Sie wissen: „Es ist gesund für den Körper, gut für den Geldbeutel und prima fürs Klima!“[4]

---

[4] K. Nagorni, Das Buch von der Sehnsucht. Warum wir so gerne reisen, Verlag am Eschbach 2009, S. 59

Zur Tugend

Üb immer Treu und Redlichkeit
bis an dein kühles Grab
und weiche keinen Finger ab
von Gottes Wegen ab.

Dann wirst du wie auf grünen Au'n
durchs Pilgerleben gehn;
dann kannst du sonder Furcht und Graun
dem Tod ins Auge sehn.

Dem Bösewicht wird alles schwer,
er tue was er tu;
der Teufel treibt ihn hin und her
und läßt ihm keine Ruh.

Der schöne Frühling lacht ihm nicht,
ihm lacht kein Ährenfeld;
er ist auf Lug und Trug erpicht
und wünscht sich nichts als Geld.

Drum übe Treu und Redlichkeit
bis an dein kühles Grab
und weiche keinen Finger breit
von Gottes Wegen ab!

Eine musikalische Moralpredigt
„Üb immer Treu und Redlichkeit…“

Ein Volkslied über die Tugenden. Es ist schon in Preußen ein Hit gewesen. Das Glockenspiel in der Garnisonkirche in Potsdam spielte nämlich das Lied zu jeder halben Stunde. Die preußische Königin Luise hatte es sich gewünscht. Die Melodie erklang von 1797 bis 1945, als die Garnisonkirche zerstört wurde. Dann ist die bekannte Volksweise auf einem neuen Carillon nahe dem alten Standort wieder zu jeder halben Stunde von 1991 bis 2019 zu hören gewesen.

In Altenburg/Thüringen erklingt die bekannte Melodie seit 1996 vom 76 Meter hohen Turm der Brüderkirche. Bereits um 7.40 Uhr ruft das Glockenspiel die Kinder in die Schule. Dieses Tugendlied hat es 1966 sogar in die offiziellen Deutschen Charts geschafft, gespielt vom Orchester James Last.

Warum ist es so beliebt? Ist es die Melodie der Papageno-Arie aus Mozarts Oper „Die Zauberflöte“, auf die der Text gesungen wird? Doch Vorsicht, vielleicht ist die Melodie gar nicht von Mozart, sondern von Christian Fr. Daniel Schubart, dem württembergischen Komponisten. Er soll sie - wie Quellen behaupten - bereits fünfzehn Jahre vor der „Zauberflöte“ geschrieben haben.

Oder ist es der Liedtext, der zur volkstümlichen Beliebtheit beigetragen hat? Er stammt von Ludwig Hölty, dem niedersächsischen Pfarrerssohn und Dichter. Der Liedtext basiert auf seinem Gedicht „Der alte Landmann und sein Sohn“. Die erste Strophe lautet:

„Üb immer Treu und Redlichkeit
bis an dein kühles Grab
und weiche keinen Finger breit
von Gottes Wegen ab."

Jener Bauer gibt seinem Sohn väterliche Verhaltensregeln mit auf den Lebensweg: Wenn du ein tugendhaftes Leben führst, dann wird es dir gelingen, und du wirst zufrieden sein. Sei verlässlich und ehrlich gegenüber anderen Menschen. Halte es nicht mit dem ‚Bösewicht' (3. Strophe), dessen Betrügerei und Geldgier ihn nicht zur Ruhe kommen lassen.

Sind Tugenden heute noch gefragt? Treue? Redlichkeit? Bei vielen Menschen lösen diese Begriffe einiges Unbehagen aus. Dennoch gibt es laut Umfragen gerade bei jungen Menschen einen Trend zur Treue. 75% der Heranwachsenden finden Redlichkeit, die Tugend der Verlässlichkeit, modern.

Im Wort ‚Tugend' steckt Tauglichkeit drin. Die Tugend, eine menschliche Eigenschaft, die zu etwas Gutem taugt. Tugenden wollen das menschliche Miteinander ordnen. Dazu gehört z. B. die Ehrlichkeit. Man mag es kaum glauben: Ehrlichkeit rangiert im deutschen Wertekatalog ganz oben. Nach der Hamburger Stiftung „Wertevolle Zukunft" erhielt die Ehrlichkeit in einer Umfrage von 2007 die meisten Wichtigkeitspunkte, gefolgt von Verantwortungs- und Pflichtbewusstsein.

Die Kernaussage in unserem volkstümlichen Tugendlied lautet für mich: „... und weiche keinen Finger breit von Gottes Wegen ab."

Wo finde ich eigentlich Gottes Wege? Auf jeden Fall

in seinen Geboten. Seine Zehn Gebote dienen als Leitplanken auf den Straßen unseres Lebens. Roman Herzog sagte einmal in einem Interview als Präsident des Bundesverfassungsgerichts: „Hielten wir uns in Deutschland an die Zehn Gebote, wir hätten ein anderes Land."

Und der ZDF-Moderator Peter Hahne[5] trifft es genau: „Ist es nicht genial, wie Gott es fertigbringt, den Menschen in zehn Sätzen zu sagen, was gut und richtig ist und was sein Leben wertvoll macht und was es zerstört? Nur zehn Sätze, und alles ist gesagt über den Umgang mit Umwelt und Eigentum, mit Geld und Sexualität, mit dem Leben und dem Partner und auch, für Journalisten und Politiker nicht ganz unwichtig, mit der Wahrheit."

Von Gottes Wegen keinen Finger breit abzuweichen, ist nicht einfach. Auf seinen Wegen liegen ja auch Stolpersteine, Hindernisse, und ich weiß: „Nicht immer waren meine Tage licht und heiter, es gab auch Zeiten, da es trüb und dunkel war."

Wohl dem aber, der dann sagen kann: „Doch derzeit steh ich fest auf meiner Lebensleiter, ich danke Gott und sehe wieder klar."
Tugenden wollen das menschliche Miteinander fordern, um auf Gottes Wegen zu bleiben.

---

[5] P. Hahne, Niemals aufgeben. Mit Werten in Fühlung bleiben, Wesel 2015, S. 96f

Freut euch des Lebens,
weil noch das Lämpchen glüht;
pflücket die Rose,
eh sie verblüht!

Man schafft so gern sich Sorg' und Müh',
sucht Dornen auf und findet sie
und läßt das Veilchen unbemerkt,
das uns am Wege blüht! Freut euch des Lebens…

Wenn scheu die Schöpfung sich verhüllt
und laut der Donner ob uns brüllt,
so lacht am Abend nach dem Sturm
die Sonne, ach so schön. Freut euch des Lebens…

Wer Neid und Mißgunst sorgsam flieht
und G'nügsamkeit im Gärtchen zieht,
dem schießt sie schnell zum Bäumchen auf,
das goldne Früchte trägt. Freut euch des Lebens…

Wer Redlichkeit und Treue übt
und gern dem ärmern Bruder gibt,
bei dem baut sich Zufriedenheit
so gern ihr Hüttchen auf. Freut euch des Lebens…

Und wenn der Pfad sich furchtbar engt
und Mißgeschick uns plagt und drängt,
so reicht die Freundschaft schwesterlich
dem Redlichen die Hand. Freut euch des Lebens…

Sie ist des Lebens schönstes Band:
Schlagt, Brüder, traulich Hand in Hand!
So wallt man froh, so wallt man leicht
ins bessre Vaterland! Freut euch des Lebens…

Die Freude und das bessere Vaterland
„Freut euch des Lebens…“

Wer weiß schon, dass es in Braunschweig ein Restaurant “Freut euch des Lebens“ gibt? Und dass Giachino Rossini in seiner Oper „Semiramide“ die Melodie des Liedes benutzt? Ebenso auch Antonin Dvořák?

„Freut euch des Lebens“ gehört zu den beliebtesten Volksliedern. Es wurde rasant bekannt. Schon nach sieben Jahren haben es „Millionen Kehlen in Deutschland“ begeistert gesungen, berichtet der damalige Pädagoge Karl Spazier. Es war der „Schlager der Goethezeit“. Auch Frau Rath Goethe war vom Lied fasziniert.
Was ist der Grund für seinen Erfolg? Ganz sicher die tänzerisch-fröhliche Melodie. Komponiert hat sie Isaac Hirzel (1756-1833), ein Züricher Kapellmeister. Ihr beschwingter Walzertakt versprüht gute Laune. Dann ist es auch der lebensfrohe Liedtext, voller zeitloser Lebensweisheiten, geschrieben von Martin Usteri (1763-1827), einem Schweizer Malerdichter.

Er appelliert an uns: Schätzt die besonderen Momente in eurem Leben. Vergeudet nicht eure Tage, sie kommen nicht wieder. Macht was draus, solange euer Lebenslicht leuchtet. Pflückt die Rose, die entzückende ‚Königin der Blumen‘. Wartet nicht, bis sie verwelkt ist und ihr Duft verloren.

Und dann wird es moralisch: Seid nicht eifersüchtig, begnügt euch mit dem, was ihr habt, seid zufrieden. Und wenn es mal nicht so läuft, wie ihr es euch wünscht, dann kommen auch wieder helle Lichtblicke: Es „lacht am Abend nach dem Sturm die Sonne uns so schön“.

Und schließlich: Achtet die Freundschaft hoch, sie ist ein wertvolles Gut!

Freundschaft stärkt gegenseitig. „Ein Freund kommt zum andern in der Not. Er leistet Trost und hilft ihm aus.“ Das sind Worte von Jesus Sirach, dem biblischen Dichter im Alten Testament.

Spätestens hier leuchten im Lied religiöse Aspekte auf. Aber auch schon vorher bei den Tugenden: Genügsamkeit, Redlichkeit, Treue, Freundschaft. Sie alle haben biblische Wurzeln.

Und dann die letzten Verse im Lied: „So wallt man froh, so wallt man leicht ins bessere Vaterland.“ Solche geistliche Wendung hätte ich im diesseitsbezogenen Lied nicht vermutet. Ich finde sie fast wörtlich in einem Lied[6] aus jener Zeit, da heißt es: „Gott... fördere das Werk unserer Hände..., so leben wir glücklich und wallen von hier zum besseren Vaterland droben zu dir.“ Diese Passage hat unserm Autor M. Usteri wohl so gut gefallen, dass er sie in sein Lied „Freut euch des Lebens“ aufnahm.

Es ist schön, in den letzten Lebensstunden einen lieben Menschen an der Hand zu haben. Das erleichtert das Sterben. Es bleibt die Hoffnung, dann in die göttliche Machtsphäre (ins bessere Vaterland) zu gelangen.Wer hätte gedacht, dass die so heitere Stimmungslied so ernst schließt? Christliches Gedankengut prägt übrigens viele Gedichte Usteris.

„Freut euch des Lebens“ erklingt von Glockenspielen auf vielen Rathäusern und Türmen.

---

[6] Lied „Zum Himmel erhebe dich Freudengesang!“ in: Evangelisches Gesangbuch, Erfurt 1797, Str. 9.

Was frag ich viel nach Geld und Gut,
wenn ich zufrieden bin!
Gibt Gott mir nur gesundes Blut,
so hab ich frohen Sinn
und sing' aus dankbarem Gemüt
mein Morgen- und mein Abendlied.

So mancher schwimmt im Überfluß,
hat Haus und Hof und Geld
und ist doch immer voll Verdruß
und freut sich nicht der Welt:
Je mehr er hat, je mehr will,
nie schweigen seine Klagen still.

Und uns zu Liebe schmücken ja,
sich Wiese, Berg und Tal;
und Vöglein singen fern und nah',
daß alles widerhallt.
Bei Arbeit singt die Lerch' uns zu
die Nachtigall bei süßer Ruh'.

Und wenn die goldne Sonn' aufgeht,
und golden wird die Welt:
Wenn alles in der Blüte steht,
und Ähren trägt das Feld,
dann denk' ich: alle diese Pracht
hat Gott zu meiner Lust gemacht.

Dann preis ich laut und lobe Gott
und schweb in hohem Mut
und denk': „Es ist ein lieber Gott
und meints mit Menschen gut.
Drum will ich immer dankbar sein
und mich der Güte Gottes freun!"

Zufriedenheit – ein Lebensglück
„Was frag ich viel nach Geld und Gut…“

Ein uraltes Volkslied, das wenig bekannt ist. Aber ein aktuelles Thema hat: Zufriedenheit. „Was macht mich zufrieden?“ Diese Frage las ich kürzlich in einer Wissenschafts-Zeitschrift.[7]

Die Bilanz lautet: Geld ist zwar wichtig, macht aber nicht zufrieden. Stattdessen zählen zur größeren Zufriedenheit: Feste Partnerschaft, Gesundheit, Arbeit, die einem Freude macht, das Gefühl, sein Leben selbst zu gestalten, freundschaftliche Kontakte, Sport. Generell sind Menschen, die ihren religiösen Glauben aktiv leben, zufriedener als andere.
Auch Musizieren und Tanzen steigern unsere Lebenszufriedenheit. „Musik erlaubt mir, tiefe Ruhe und Zufriedenheit zu schöpfen“, bekennt eine Klavierlehrerin. Der flämische Dichter Stijn Streuvels (1871-1961) bringt es auf den Punkt: „Hab‘ lang und glücklich gelebt, hab‘ an wenig genug gehabt, hab‘ nichts verlangt und viel bekommen.“ Die Botschaft eines zufriedenen Menschen.

Für all das Gute könnten wir eigentlich dankbar sein. Auch für das Geld. Es bedeutet das tägliche Brot, den Lebensunterhalt. Wer aber nur nach Reichtum giert, wird seines Lebens nicht froh. Schon ein einziges Diagnosegespräch mit dem Arzt kann Wohlstand belanglos machen.

[7] Spektrum der Wissenschaft“ Nr. 04/2021, S. 14 ff

Das weiß der Verfasser unseres Zufriedenheits-Liedes: Johann Martin Miller (1750-1814), Schriftsteller und Pfarrer am Ulmer Münster. Er kritisiert die Menschen, die alles haben und doch unzufrieden sind. Er empfiehlt einen ganz anderen Blickwinkel: Weg vom Habenwollen, hin zu dem, was vor Augen ist: die grünen Wiesen, Berge und Wälder, die himmlisch schön singende Nachtigall, die tirilierende Lerche hoch in der Luft, die goldne Sonne, Meisterin der Energie, die wogenden Ährenfelder. Die bunten Schöpfungsgeschenke begeistern den Dichter. Er schwärmt davon: „Dann denk‘ ich: alle diese Pracht hat Gott zu meiner Lust gemacht.“

Wie eine Eintrittskarte ins ausgebreitete Paradies, so kommt es ihm vor. Als wollt‘ er uns sagen: Mensch, fühl dich darin wohl. Genieße den „goldnen Überfluss der Welt“. Sei dankbar dafür. „Und denk‘: ‚Es ist ein lieber Gott und meints mit Menschen gut.‘“ Wer mit seinem Wohlwollen rechnet, wird innerlich ausgeglichen. Und das heißt zufrieden sein.

J. M. Millers geistliches Volkslied könnte sogar im Kirchengesangbuch stehen. Klage und Jammer verwandelt er in Dank und Schöpfungslob. – Die Melodie hat Christian Gottlob Neefe (1748-1798) geschrieben. Er war Komponist und Organist am Hof in Bonn. Zu seinem begabtesten Schüler gehörte Ludwig van Beethoven.

Den Liedtext haben ebenfalls vertont: Carl Philipp Emanuel Bach (1714-1788), Wolfgang Amadeus Mozart (1756-1791) und Ludwig van Beethoven (1770-1827).

Von der Arbeit

Es klappert die Mühle am rauschenden Bach,
klipp klapp!
Bei Tag und bei Nacht ist der Müller stets wach,
klipp klapp!
Er mahlet das Korn zu dem kräftigen Brot,
und haben wir dieses, so hat's keine Not.
Klipp klapp, klipp klapp, klipp klapp!

Flink laufen die Räder und drehen den Stein,
klipp klapp!
Und mahlen den Weizen zu Mehl uns so fein,
klipp klapp!
Der Bäcker dann Zwieback und Kuchen draus bäckt,
der immer den Kindern besonders gut schmeckt.
Klipp klapp, klipp klapp, klipp klapp!

Wenn reichliche Körner das Ackerfeld trägt,
klipp klapp!
Die Mühle dann flink ihre Räder bewegt,
klipp klapp!
Und schenkt uns der Himmel nur immerdar Brot,
so sind wir geborgen und leiden nicht Not.
Klipp klapp, klipp klapp, klipp klapp!

Tägliches Brot: Geschenk des Himmels

„Es klappert die Mühle am rauschenden Bach…“

Er muss ein echter Wassermühlen-Fan gewesen sein, der Liedautor Ernst Anschütz (1780-1860) in Leipzig. Hier amtierte er als Lehrer und Organist. Von acht Wassermühlen war er umgeben. An der ältesten Mühle ging er immer vorbei, wenn er in der Matthäikirche Orgel spielen musste. Die Leipziger Mühlen haben ihn derart fasziniert, dass er das Kinderlied „Es klappert die Mühle am rauschenden Bach“ schrieb (1824 entstanden). Dazu hatte er auch eine eigene Melodie komponiert. Doch setzte sich in Schulbüchern die ältere Volksliedweise „Es ritten drei Reiter zum Tore hinaus“ durch.

Es klappert die Mühle. Ein Lobgesang auf das ehrbare Müller- und Bäckerhandwerk. Heute sind die wenigen Wassermühlen romantische Überbleibsel von früher. Industriemühlen haben sie verdrängt. Zum Glück können wir in wieder aufgebauten Wassermühlen heute noch das „Klappern der Mühle“ erleben. Wie etwa in Müllheim im Markgräfler Land/Baden.

Ich habe mich immer gefragt: Warum klappert die Mühle? Es kommt ja nicht vom Wasserrad. Das läuft ganz ruhig. Ein Fachmann hat es mir so erklärt: Wenn der Müller das Getreide zum Mahlen in den Trichter schüttete, dann fielen die Körner auf eine Holzrutsche. Eine hölzerne Rüttelmechanik transportierte sie dann auf die Mühlsteine. Diese laute Rüttelei erzeugte dann das typische Klappergeräusch, eben das vielbesungene „Klappern der Mühle“.

„Flink laufen die Räder und drehen den Stein… und mahlen den Weizen zu Mehl uns so fein.“

Mehl, kostbares Lebensmittel. „Der Mensch bedarf zu seinem Leben vor allem… Mehl“, so der alttestamentliche Dichter Jesus Sirach (39,31). Statt der klappernden Mühlen von früher mahlen heute moderne Mühlen das Getreide zu feinem Mehl.

Mehl braucht das Brot des Lebens. In unserem Lied heißt es vom Müller: „Er mahlet uns Korn zu dem kräftigen Brot, und haben wir solches, so hat’s keine Not…“

Brot, Lebensmittel schlechthin. Um es zu bekommen, bedarf es einer guten Ernte. Und bis wir ins Brot hineinbeißen können, geht vieles voraus: Die Sonne muss scheinen, der Regen muss kommen, Menschen müssen arbeiten, um Brot zu backen.

Unser Lieddichter Ernst Anschütz kommt zum Wesentlichen: „Und schenkt uns der Himmel nur immerdar Brot, so sind wir geborgen und leiden nicht Not… “ Diese spirituelle Sichtweise ist dem dichtenden Pfarrerssohn wichtig. Er weiß um die Vaterunser-Bitte „Unser täglich Brot gib uns heute“. Er hat die Bitte sonntäglich auf der Orgelbank gehört und verinnerlicht. Mit Gottes leibhafter Fürsorge - das wusste er - fühlt man sich geborgen, beschützt, sicher. Unser Mühlenlied preist den Schöpfer. Er schenkt uns das, was wir zum Leben brauchen.

Wassermühle in Brombach bei Eberbach/Rhein-Neckar-Kreis

Zur Schöpfung

Weißt du, wieviel Sternlein stehen
an dem blauen Himmelszelt?
Weißt du, wieviel Wolken gehen
weithin über alle Welt?
Gott der Herr hat sie gezählet,
daß ihm auch nicht eines fehlet
an der ganzen großen Zahl,
an der ganzen großen Zahl.

Weißt du, wieviel Mücklein spielen
in der heißen Sonnenglut,
wieviel Fischlein auch sich kühlen
in der hellen Wasserflut?
Gott der Herr rief sie mit Namen,
daß sie all ins Leben kamen,
daß sie nun so fröhlich sind,
daß sie nun so fröhlich sind.

Weißt du, wieviel Kinder frühe
stehn aus ihrem Bettlein auf,
daß sie ohne Sorg und Mühe
fröhlich sind im Tageslauf?
Gott im Himmel hat an allen
seine Lust, sein Wohlgefallen;
kennt auch dich und hat dich lieb,
kennt auch dich und hat dich lieb.

Rätsellied mit göttlicher Liebeserklärung ***„Weißt du, wieviel Sternlein stehen…“***

Unvergesslich bleibt mir jenes Himmelsschauspiel: Es war in der Namib-Wüste an der Südwestküste Afrikas, bei der Sossusvlei Desert Lodge, mitten in der spektakulären Dünenlandschaft. Noch nie haben meine Frau und ich eine solche totale Dunkelheit erlebt wie hier. Über uns breitete sich ein unermesslicher Sternenteppich aus: Millionen Sterne, die Milchstraße, Sternbilder, große und kleine, fern und nah. Unglaublich, wie sie lebendig funkelten, hell wie blitzende Lampen. Als blinzelten sie uns zu und waren doch so unendlich weit weg. Wir konnten uns nicht sattsehen. Atemberaubend, faszinierend.

Uns kam das Prophetenwort in den Sinn: „Hebt eure Augen auf in die Höhe und seht! Wer hat das alles geschaffen? Gott führt die Sterne… und ruft sie alle mit Namen. Gottes Kraft ist so groß, dass nicht eins von ihm fehlt.“ (Jes. 49,26)

Da standen wir nun in der Wüste Namib, umgeben von dem samtigen Sternenmantel. Es fiel uns wieder ein, das kleine Volkslied, das an Kinderbetten gesungen wird, auch heute, von Müttern und Vätern:
„Weißt du, wieviel Sternlein stehen an dem blauen Himmelszelt? Weißt du, wieviel Wolken gehen weithin über alle Welt? Gott der Herr hat sie gezählet, dass ihm auch nicht eines fehlet an der ganzen großen Zahl, an der ganzen großen Zahl.“

Von klein auf ist uns das Lied vertraut. Der Text ist einfach und schön. Beliebt geworden durch die schlichte Melodie. Interessant finde ich ihren Tonumfang, nur sechs Töne sind es. Die Zahl erinnert mich an die Schöpfungsgeschichte: Am sechsten Tag schuf Gott den Menschen. Besonders an den Kindern hat Gott seinen Wohlgefallen (Strophe 3).

Das berühmte Lied rührt unsere Herzen an, erreicht unsere Seele. Es versetzt uns Erwachsene in eine Zeit, in der wir die Welt mit den Augen von Kindern wahrgenommen haben. Kindern aber muss man erklären, was sie sehen. Darum sind manche Kinderlieder in Rätsellieder verpackt, da fragt das Kind Vater oder Mutter: Weißt du, wieviel Sternlein am Himmel stehen? Wieviel Wolken dort gehen? Das Kind kann die Fragen nicht beantworten, seine Eltern lösen das Rätsel: „Gott der Herr hat sie gezählet…"

Dass der Schöpfer den Kosmos in Händen hält, den Planeten ihre Bahn gibt, sehen aber nicht alle so. Stephen Hawking (1942-2018) z. B., der weltberühmte Astrophysiker, hielt den Schöpfergott für überflüssig. Er konnte sich gut vorstellen, dass das Weltall ohne ihn entstanden sei.
Anders dagegen Wilhelm Hey (1790-1854), der Dichter des Liedes, Hofprediger in Gotha und Jugendschriftsteller. Sein Volkslied erzählt, dass alles, was existiert, fest in Gottes Hand ist und von ihm behütet wird. Den Kindern versichert er, dass sie in Gott geborgen sind. Darum können Eltern ihren Kindern nichts Schöneres in den Schlaf mitgeben, als ihnen diese Geborgenheit singend zu vermitteln.

Was macht dieses Lied so beliebt? Es ist die eingängige Melodie, auf ein Volkslied um 1818 zu singen. Und die Botschaft, dass wir auf das Geliebtwerden angewiesen sind. „Kennt auch dich und hat dich lieb…" Das zu hören, tut gut! Man kann es andern ruhig weitersagen.

Vöglein im hohen Baum,
klein ist's, man sieht es kaum,
singt doch so schön,
daß wohl von nah und fern
alle die Leute gern
horchen und stehn, horchen und stehn.

Blümlein im Wiesengrund
blühen so lieb und bunt,
tausend zugleich.
Wenn ihr vorübergeht,
wenn ihr die Farben seht,
freuet ihr euch, freuet ihr euch.

Wässerlein fließt so fort
immer von Ort zu Ort
nieder ins Tal.
Dürsten nun Mensch und Vieh,
kommen zum Bächlein sie,
trinken zumal, trinken zumal.

Habt ihr es auch bedacht,
wer hat so schön gemacht
alle die drei?
Gott der Herr machte sie,
daß sich nun spät und früh
jeder dran freu, jeder dran freu.

Blick zum Himmel
„Vöglein im hohen Baum…"

Als ich neulich in unserem Garten ein paar Blümchen für meinen Schreibtisch pflücken will, traue ich meinen Ohren nicht. Da fängt plötzlich ein Vogel laut zu singen an. Wunderschön. Er muss ganz in meiner Nähe gewesen sein, ich konnte ihn aber nicht sehen. Und dann entdecke ich ihn oben auf der Spitze unserer haushohen Tanne. Ganz klein ist er und unscheinbar. Von seiner hohen Warte aus zaubert er seelenvolle Melodien, ununterbrochen. Ich genieße seinen munteren Sologesang open-air. Er fasziniert mich mehr als der einer Operndiva auf ihrer Bühne. Dabei ist es nur ein „Vöglein im hohen Baum, klein ist's, man sieht es kaum, singt doch so schön." Ob „wohl von nah und fern alle die Leute gern" stehengeblieben sind und ihm zugehört haben? Auf jeden Fall hätten auch sie ihre helle Freude gehabt.

Mit dem Volkslied „Vöglein im hohen Baum" erfreut der Dichter Wilhelm Hey (1789-1884) heute noch Groß und Klein. Dieser thüringische Pfarrer und Kinderliedautor macht auf den Mikrokosmos in der Natur aufmerksam. Er zitiert die niedlichen Schöpfungswunder: das Vöglein, versteckt im hohen Baum; das unscheinbare Blümelein, so „lieb und bunt" eine Augenweide; das Wässerlein, das Bächlein, Durstlöscher für „Mensch und Vieh". Er liebt die Verkleinerungsworte, die auf der Silbe -lein enden. So ist er der Kindersprache ganz nahe.

Und dann stimmt uns seine Frage nachdenklich: Wem verdanken wir eigentlich die zierlichen Vögel, die lieblichen Blumen, das lebensnotwendige Wasser? Seine Antwort benennt den Wohltäter: „Gott der Herr machte sie, daß sich nun spät und früh jeder dran freu."

Für mich versprüht das Lied Lebensfreude pur. Da singt, blüht und fließt es; da sehen, hören, riechen und schmecken wir. Klingt da nicht ein bisschen der Psalm 34,9 an „Schmecket und sehet, wie freundlich der Herr ist?" Ein Lob auf den Schöpfergott.

Wilhelm Hey ist durch seine einfache Verkündigungssprache gerade für Kinder bekannt geworden. Darum hat ihn die Theologische Fakultät der Universität Heidelberg 1852 mit der Ehrendoktorwürde ausgezeichnet.

Was aber wäre sein Liedtext von 1837 ohne die Melodie von Friedrich Silcher (1789-1860)! Dieser Tübinger Volkskomponist und Universitätsmusikdirektor hat dazu eine fröhliche Singweise beigesteuert, einprägsam, einfach und heute noch gern gesungen.

In der ehemaligen DDR hat man das Lied verstümmelt, indem man die letzte Strophe nie gesungen hat. Gott war ja eine ‚persona non grata'. Dagegen hat es damals Rudolf Mauersberger (1889-1971), Leiter des Dresdener Kreuzchores, vertont für gemischten Chor a cappella. Selbstverständlich mit dem Gottesbekenntnis in der Schlussstrophe: „Gott der Herr machte sie, daß sich nun spät und früh jeder dran freu…".

Geh aus, mein Herz, und suche Freud
in dieser lieben Sommerzeit
an deines Gottes Gaben;
schau an der schönen Gärten Zier
und siehe, wie sie mir und dir
sich ausgeschmücket haben.

Die Bäume stehen voller Laub,
das Erdreich decket seinen Staub
mit einem grünen Kleide;
Narzissus und die Tulipan,
die ziehen sich viel schöner an
als Salomonis Seide.

Die Lerche schwingt sich in die Luft,
das Täublein fliegt aus seiner Kluft
und macht sich in die Wälder;
die hochbegabte Nachtigall
ergötzt und füllt mit ihrem Schall
Berg, Hügel, Tal und Felder.

Die Glucke führt ihr Völklein aus,
der Storch baut und bewohnt sein Haus,
das Schwälblein speist die Jungen,
der schnelle Hirsch, das leichte Reh
ist froh und kommt aus seiner Höh
ins tiefe Gras gesprungen.

Die Bächlein rauschen in dem Sand
und malen sich an ihrem Rand
mit schattenreichen Myrten;
die Wiesen liegen hart dabei
und klingen ganz vom Lustgeschrei
der Schaf und ihrer Hirten.

Die unverdroßne Bienenschar
fliegt hin und her, sucht hier und da
ihr edle Honigspeise;
des süßen Weinstocks starker Saft
bringt täglich neue Stärk und Kraft
in seinem schwachen Reise.

Der Weizen wächset mit Gewalt;
darüber jauchzet jung und alt
und rühmt die große Güte
des, der so überflüssig labt
und mit so manchem Gut begabt
das menschliche Gemüte.

Ich selber kann und mag nicht ruhn,
des großen Gottes großes Tun
erweckt mir alle Sinnen;
ich singe mit, wenn alles singt,
und lasse, was dem Höchsten klingt,
aus meinem Herzen rinnen.

Mach in mir deinem Geiste Raum,
daß ich dir wird ein guter Baum,
und laß mich Wurzel treiben.
Verleihe, daß zu deinem Ruhm
ich deines Gartens schöne Blum
und Pflanze möge bleiben.

Erwähle mich zum Paradeis
und laß mich bis zur letzten Reis
an Leib und Seele grünen...

Staunen über den Schöpfungscharme
„Geh aus, mein Herz, und suche Freud…“

Ein Sommerlied voller Lebenslust! Welch schwungvoller Auftakt. Los geht's! Ich lasse mich mitreißen in die Hochstimmung eines lichten Tages. Ich fühle und schmecke gleichsam die warme, würzige Luft. Geh aus, mein Herz, mach dich auf den Weg. Augen auf! Die Natur präsentiert ihre Schönheit. Bunt, prächtig, ich mittendrin, genieße den farbenfrohen Frühling, den sonnenreichen Sommer. Ja, ich weiß, dass die Umwelt zerstört wird. Trotzdem bin ich von den Schöpfungswundern überwältigt. Gern stimme ich ein mit Gottfried Keller: „Trinkt, o Augen, was die Wimper hält, von dem goldnen Überfluß der Welt!“

„Geh aus, mein Herz… schau an der schönen Gärtenzier“. Wenn es um uns herum blüht, duftet und zwitschert, dann ist das für mich Heilmittel für Körper, Geist und Seele. Die ersten sieben Strophen lassen das Schöpfungslied als reines Volkslied erscheinen. Erst die zweite Liedhälfte mit ihrem religiösen Aspekt macht es zu einem geistlichen Volkslied.

Der Text stammt von Paul Gerhardt (1607-1676), dem protestantischen Pfarrer und Barockdichter. Er, der „König der geistlichen Sänger“ (Albert Schweitzer), wollte nie berühmt werden und wurde es doch. Sein „Geh aus, mein Herz“ versprüht den verschwenderischen Charme der Schöpfung. Es präsentiert uns Natur pur und himmlisches Paradies in einem. In sage und schreibe 15 Strophen. Sie handeln von Blumen, Vögeln, Wild, Schafen, Bienen, Wein und Weizen. Und schließlich vom Menschen, der in diesem Paradies leben darf.

Ist Paul Gerhardt nicht etwas naiv, wenn er sich

so unbefangen an Flora und Fauna erfreut? Wie kann man denn die Natur loben, wenn es doch so viel Zerstörung und Elend in der Welt gibt? „Das ist doch nur möglich“, so Hans Georg Lubkoll, „wenn man ganz bewusst einseitig wird und das Schwere im Leben vorübergehend ausblendet! Aber das muss unser Gewissen nicht belasten. Das Ganze der Welt kann nur Gott auf einmal überblicken, die Maiblumen und das Leid, das Vogelgezwitscher und die Schmerzen eines Kranken. Wie Gott das zusammenschaut, weiß ich nicht. Ich überlasse es ihm, die Widersprüche in diesem Leben zu einer Einheit zu verbinden.“[8]

Zu guter Letzt hat Paul Gerhardt eine Überraschung parat. Nachdem er Mutter Grün gewürdigt hat, wünscht er sich nur noch eins: Selber eine schöne Blume in Gottes großem Garten zu sein. Als solche möchte er bis an sein Lebensende wachsen und grünen. Er ‚botanisiert‘ sich gleichsam selber. Dass „Geh aus, mein Herz“ derart beliebt ist und gern gesungen wird, verdankt es einem ‚Vollblutmusiker‘: August Harder (1775-1813). Dieser Komponist, Gitarrist und Sänger in Leipzig hat die schwungvolle, volkstümliche Melodie geschrieben. Sie gehörte ursprünglich zu einem Maienlied. Man hat sie dann aber „Geh aus, mein Herz“ beigegeben. Sie strahlt genau die Fröhlichkeit aus, die der Text braucht.

Das Lied findet sich im Evangelischen Gesangbuch (Nr. 503), auch im dänischen Kirchengesangbuch „Den Danske Salmebog“ (2002). Im katholischen ‚Gotteslob‘ fehlt es. Rudolf Mauersberger, der frühere Dresdener Kreuzkantor, hat 1948 zu „Geh aus, mein Herz“ eine liturgische Musik geschaffen, „in der das sommerliche

---

[8] H.-G. Lubkoll, Geh aus, mein Herz, in: Aus dem Gesangbuch gepredigt. Predigten… hrg. von H. Nitschke, Gütersloh 1981, S. 124f

Geschehen in der Natur geistlich ausgelegt wird“. Vom Dresdener Kirchenmusiker Gottfried Fischer (gest. 2009) stammen die lustigen Orgel-Variationen „Ein Musikalischer Scherz. Wenn Mozart ‚Geh aus, mein Herz‘ komponiert hätte“.

Bildnachweis

Titelseite:
Blick vom Aussichtsberg Cardada (1350 m) bei Locarno ins Tessin. Foto: Margarethe Pfeiffer

S. 29 Anonymus (19./20. Jh.), Vogelstudien.jpg

S. 50 Wanderschuhe: prspics/Piqza.de

S. 66 Wassermühle in Brombach.
Foto: Margarethe Pfeiffer

Weitere Publikationen des Autors

„Alt Heidelberg, du feine“, Streifzüge durch das Heidelberger Musikleben, Brigitte Guderjahn Verlag, Heidelberg 1992, ISBN 3-924973-23-7

Johannes Brahms in Heidelberg und Ziegelhausen. Zum 175. Geburtstag des Komponisten, Engelsdorfer Verlag Leipzig 2008, ISBN 978-3-86703-757-0

Robert Schumann in Heidelberg. Seine drei Semester in der Universitätsstadt, Engelsdorfer Verlag Leipzig 2010, ISBN 3-978--86901-901-7

„Ich hab‘ mein Herz in Heidelberg verloren...“ Kleine Heidelberger Musikgeschichte, Engelsdorfer Verlag Leipzig 2011, ISBN 978-3-86268-625-4

Der Mond ist aufgegangen“ – Ein Abend mit Matthias Claudius, Heidelberg 2015

Martin Luthers Reise zur Heidelberger Disputation 1518, Heidelberg 2016, 2. Auflage

Freundliche Worte sind wie Honig, stärkend und heilsam. Botschaften und Bilder, die berühren, Heidelberg 2018

Der musikbegabte Goethe in Heidelberg. Der Dichter in musikalischen Häusern der Stadt, Heidelberg 2019

„Mit Pauken und Trompeten“ – Versteckte Musikszenen in Heidelberg. Gemalt. Gegossen. Gemeißelt, Selbstverlag Heidelberg 2023

„Das Schönste am Dunkel ist das Licht!“ Heitere und ernste Gedanken - inspirierend und motivierend, Books on Demand, 2024, ISBN 978-3-758363238

Foto: Margarethe Pfeiffer

Dr. phil. Harald Pfeiffer studierte zunächst Kirchenmusik in Hannover, dann Theologie in Göttingen und Heidelberg, Pfarrer in Walldorf und Heidelberg, Promotion in Musikwissenschaft über „Heidelberger Musikleben in der ersten Hälfte des 19. Jahrhunderts", Autor zahlreicher musikhistorischer und theologischer Veröffentlichungen, Vortrags- und Konzerttätigkeit, Herausgeber von Trompetenliteratur, 35 Jahre Mitglied im Pfeiffer-Trompeten- Consort" und 10 Jahre in der SRH BigBand Heidelberg, seit 15 Jahren ehrenamtlicher Seelsorger in der SRH Heidelberg.